neue HEILENDE MÄRCHEN FÜR ELTERN UND KINDER

Angeline Bauer

neue HEILENDE MÄRCHEN FÜR ELTERN UND KINDER

Geschichten aus aller Welt,
die Kinderseelen stark machen

SÜDWEST

Inhalt

Vorwort

Es sollte uns weniger wundern, weshalb Märchen plötzlich wieder so in den Mittelpunkt des allgemeinen Interesses rücken, als vielmehr, weshalb es eine Zeit gab, in der sie höchstens noch als möglichst rosa gefärbte Gutenachtgeschichten für Kinder eine Berechtigung hatten. Märchen und Mythen sind die Geschichten der Menschheit, und alle zusammengenommen erzählen die Wahrheit des Lebens. Dieses Wissen hatte und hat immer noch Gültigkeit, und wenn wir dies vergessen, vergessen wir ein Stück weit uns selbst.

Erst seit dem 19. Jahrhundert sind Märchen Geschichten für Kinder. Bis dahin wurden sie, beispielsweise in Spinnstuben oder abends am Ofen in der »Kuchl«, hauptsächlich für Erwachsene erzählt.

Die Fähigkeit, Geschichten zu erzählen, macht aus uns Menschen, und genau besehen tun wir ja auch den ganzen Tag nichts anderes. Wir erzählen von unserem Liebeskummer, von unseren Freunden, von unseren Erlebnissen oder Problemen, von dem, was wir lieben oder was wir vermissen. Und obwohl täglich unzählige Nachrichten über Radio- und Fernsehkanäle zu uns strömen, sind nicht sie es, die uns mit dem Leben bekannt machen, sondern die vielen kleinen Geschichtchen, in denen wir selbst eine mehr oder weniger große Rolle spielen. Sie kennzeichnen den Alltag und ergeben am Ende eines Menschenlebens ein buntes, wie aus lauter Mosaiksteinen zusammengesetztes Bild.

Ganz ähnlich ist das auch mit Märchen. Sie erzählen uns »Lebens-Geschichten«, sie zeigen uns Wege auf, die der Held geht, und wie er die Geschichte trotz aller Wirrnisse am Schluss doch zu einem sinnvollen und meist positiven Ende führt.

Wenn Märchen traurig enden

Natürlich gibt es auch Märchen, die nicht glücklich enden, aber auch aus ihnen ziehen wir eine wertvolle Lehre, denn wir sehen, wie es enden kann, wenn wir einen wesentlichen Aspekt des Seins außer Acht lassen. Ein solches Märchen ist das *Märchen von der Unke*, das mich immer wieder tief berührt. Weil es, wenn es von den Eltern verstanden und richtig gedeutet wird, den Kindern Freiheit und Erleichterung verschaffen kann, möchte ich es an den Anfang dieses Buches stellen, und zwar als Märchen für die Eltern.

Märchen von der Unke

Es war einmal ein kleines Kind, dem gab seine Mutter jeden Nachmittag ein Schüsselchen mit Milch und Weckbrocken, und das Kind setzte sich damit hinaus in den Hof. Wenn es aber anfing zu essen, so kam die Hausunke aus einer Mauerritze hervorgekrochen, senkte ihr Köpfchen in die Milch und aß mit. Das Kind hatte seine Freude daran, und wenn es mit seinem Schüsselchen dasaß, und die Unke kam nicht gleich herbei, so rief es ihr zu:

»Unke, Unke, komm geschwind,
komm herbei, du kleines Ding,
sollst dein Bröckchen haben,
an der Milch dich laben.«

Da kam die Unke und ließ es sich gut schmecken. Sie zeigte sich auch dankbar, denn sie brachte dem Kind aus ihrem heimlichen Schatz allerlei schöne Dinge, glänzende Steine, Perlen und goldene Spielsachen. Die Unke trank aber nur Milch und ließ die Brocken liegen. Da nahm das Kind einmal ein Löffelchen, schlug ihr damit sanft auf den Kopf und sagte: »Ding, iss auch Brocken.« Die Mutter, die in der Küche stand, hörte, dass das Kind mit jemandem sprach, und als sie sah, dass es mit einem Löffelchen nach einer Unke schlug, so lief sie mit einem Scheit Holz heraus und tötete das gute Tier.

Von der Zeit an ging eine Veränderung mit dem Kinde vor. Es war, solange die Unke mit ihm gegessen hatte, groß und stark geworden, jetzt aber verlor es seine schönen roten Backen und magerte ab. Nicht lange, so fing in der Nacht der Totenvogel an zu schreien, und das Rotkehlchen sammelte Zweiglein und Blätter zu einem Totenkranz, und bald hernach lag das Kind auf der Bahre.

Was das Märchen erzählt

Wenn dieses Märchen von der Unke spricht, meint es nicht eine Kröte, sondern bezieht sich auf den Ursprung des Wortes, nämlich auf das althochdeutsche bzw. mittelhochdeutsche »Unc«, was Schlange bedeutet. Eine Unke ist hier eine Schlange, wahrscheinlich eine Ringelnatter, die dem Haus im alten Volksglauben Glück und Segen brachte, weil sie mit der »Großen Mutter« verbunden war. Das Kind hat sie als Spielkameraden und Geschwister angenommen, und die Unke dankt es ihm mit vielen bunten Perlen und goldenen Sachen. Damit sind Werte wie Freude, Liebe, Selbstvertrauen und eigene Lebenserfahrungen gemeint. Als die Mutter das entdeckt, wird sie von ihren eigenen Ängsten oder auch ihrem Ekel eingeholt, und sie erschlägt das Tier. Damit nimmt sie dem Kind nicht nur seinen Freund, sondern auch sein Selbstvertrauen und schränkt es ganz wesentlich in seiner freien Entfaltung ein. So viel nimmt sie dem Kind, dass es am Schluss sterben muss.

Die Ängste der Mutter

Manchmal dauert es ein Leben lang, bis man erkennt, dass es eigentlich die übernommenen Ängste der Eltern sind, die einen daran hindern, etwas anzupacken. Nach der Wut darüber kommt meist die Trauer über verpasste Chancen und am Ende das Einverständnis mit dem eigenen Schicksal.

Es gibt eine amerikanische Fassung dieses Märchens, da ist die Unke eine Klapperschlange. Ich weiß nicht, welchem der beiden Märchen ich mehr Bedeutung beimessen möchte. Das, in dem das Tier so gefährlich ist, dass man die Mutter noch verstehen kann, verdeutlicht umso nachdrücklicher, dass die Mutter das Kind loslassen muss, weil das Festhalten letztlich noch gefährlicher ist. Die Version, in der das Tier harmlos ist und trotzdem von der überängstlichen Mutter getötet wird, stellt in den Vordergrund, dass die Mutter es ist, die nicht mit ihren Ängsten umgehen kann und sie darum auf das Kind überträgt.
In der Mutter-Tochter-Beziehung ist der Aspekt des Festhaltens ganz zentral. Viele Mütter binden ihre Töchter an sich und können sie nicht ihre eigenen Wege gehen lassen. Sie vermitteln ihnen die Botschaft »Du musst wie ich sein« oder »Du musst meine Verlängerung sein«. Beides ist – u.a. – ein Appell an die Tochter, die Mutter nicht mit ihren Ängsten und Enttäuschungen allein zu lassen.
Aber wie auch immer – die Schlange zu erschlagen ist, wie uns das Märchen zeigt, keine Lösung, denn an der Mutter Angst geht das Kind zugrunde.

So wirken Märchen

Damit ein Kind das, was es quält, hinter sich lassen kann, muss es die Möglichkeit haben, sich dem zugrundeliegenden Problem ausführlich zu widmen. Mit einem einzigen Märchen wird das wohl selten abgetan sein. Deshalb werde ich zu jedem Thema, das ich behandle, zwei Märchen vorstellen und noch weitere auflisten (siehe Anhang auf Seite 188). Wenn Sie Ihrem Kind dann beide oder sogar drei oder vier Märchen vorgelesen haben, wird es sich vielleicht nach eigenem Gutdünken eines heraussuchen und zu seinem derzeitigen Lieblingsmärchen machen. Das kann bedeuten, dass Sie es ihm wieder und wieder vorlesen müssen – so lange eben, bis das Kind den Konflikt bewältigt und für sich eine Lösung gefunden hat. Oder es schätzt alle Märchen gleichermaßen und verlangt, sie abwechselnd zu hören.

Das einmalige Vorlesen eines Märchens bringt wahrscheinlich keine Lösung. Um weiterzukommen, braucht das Kind eine intensive Auseinandersetzung mit dem Thema. Wahrscheinlich wird es das Märchen immer wieder hören wollen, anfangs vielleicht ohne besonderen Kommentar.

Held oder Heldin?

Es ist nicht notwendig, dass Sie einem Jungen ein Märchen vorlesen, in dem ein Junge der Held, ist oder einem Mädchen ein Märchen, in dem ein Mädchen die gestellte Aufgabe bewältigt. Beide können sich auch mit einem Helden des anderen Geschlechtes identifizieren. Trotzdem werde ich versuchen, in der Auswahl der Märchen ein Gleichgewicht an Helden und Heldinnen zu halten, um zu vermeiden, dass sich bei Kindern unbewusst der Eindruck festsetzt, dass Mädchen immer erlöst werden müssen und Jungen die Erlöser sind, denn ein derart einseitiges Rollenbild tut beiden nicht gut.

Märchen machen stark

Märchen machen stark, weil sie die kindliche Phantasie auf kindgerechte Art zur Auseinandersetzung mit dem Problem anregen. Dabei kommt das Märchen selbst einem Skelett gleich, das alles trägt, aber noch nicht das vollständige Lebewesen ausmacht. Erzählen und Zuhören, Konfrontation, Identifikation, Gespräch und Sinneserleben bilden quasi Fleisch, Organe, Haut, Haar und Seele.

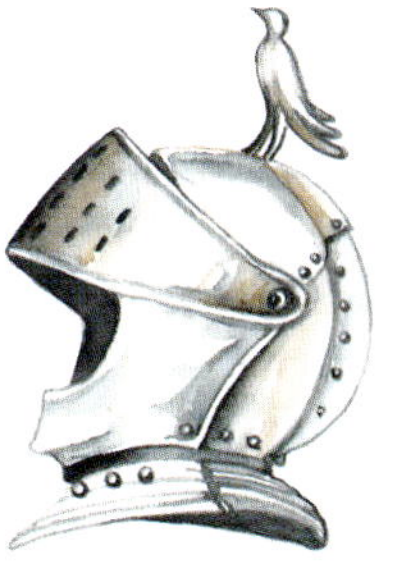

Erwarten Sie also nicht, dass es genügt, ein Märchen einmal vorzulesen, und schon sind alle Probleme beseitigt. Wenn Mär-

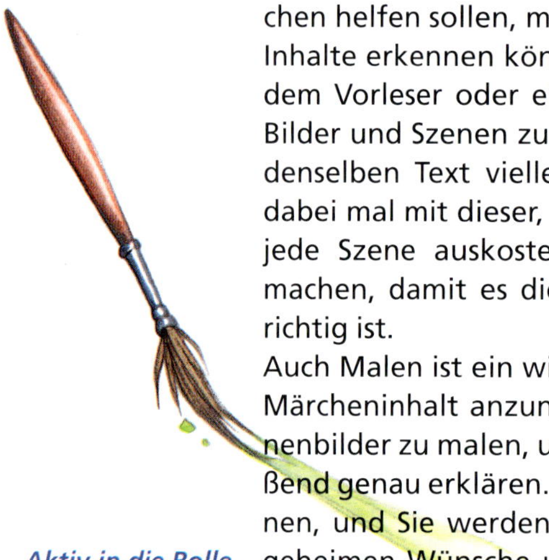

chen helfen sollen, muss das Kind sich mit ihnen beschäftigen, Inhalte erkennen können. Es muss die Möglichkeit haben, mit dem Vorleser oder einer anderen Person über die einzelnen Bilder und Szenen zu reden. Es wird Fragen haben, es möchte denselben Text vielleicht immer wieder hören, es wird sich dabei mal mit dieser, mal mit jener Figur identifizieren. Es will jede Szene auskosten und sich mit den Inhalten vertraut machen, damit es die Lösung finden kann, die stimmig und richtig ist.

Auch Malen ist ein wichtiges Hilfsmittel für Kinder, sich einem Märcheninhalt anzunähern. Regen Sie Ihr Kind dazu an, Szenenbilder zu malen, und lassen Sie sich den Bildinhalt anschließend genau erklären. Das hilft dem Kind, sein Innerstes zu ordnen, und Sie werden dadurch eine ganze Menge über seine geheimen Wünsche und Ängste erfahren. Denn was es über das Märchen erzählt, erzählt es über sich.

Wenn Sie mehrere Kinder haben oder mit Kindern in der Gruppe arbeiten, bietet es sich an, Märchenszenen spielen oder tanzen zu lassen oder kleine Liedertexte zu den Märcheninhalten zu reimen und mit den Kindern zu singen.

Aktiv in die Rolle der Figuren schlüpfen können – ob nun als Held oder als Gegenspieler – ermöglicht dem Kind, Stück für Stück ins Geschehen einzutauchen und mitzuempfinden, sich sowohl intuitiv als auch rational damit auseinander zu setzen.

Was geschieht, wenn Kinder Märchen hören?

Das Hören von Märchen regt die kindliche Phantasie auf sehr vielfältige Weise an. An vorderster Stelle steht natürlich die Aufgabe, das Gehörte in Bilder umzusetzen, die vom Unterbewusstsein verstanden werden. Tatsächlich erzählten Klienten, die in therapeutischen Sitzungen Bildfolgen imaginierten, damit symbolisch verschlüsselt genau das, was sie vielleicht eine Sitzung zuvor mit Worten berichtet hatten, und fanden plötzlich, ebenso symbolisch verschlüsselt, Lösungen. Aber auch andere Sinne, wie der Tastsinn, Geschmackssinn, Geruchssinn und das Empfinden von Wärme oder Kälte werden angeregt, und schließlich werden durch das Hören von Märchen Emotionen angesprochen und Werte vermittelt. Diese Vielfalt an Wahrnehmungen, die durch das Hören von Märchen ausgelöst werden, hilft die Sinne eines Kindes für das tatsächliche Leben zu schulen. Je intensiver und differenzierter die Wahrnehmungen eines Menschen, desto sicherer und erfolgreicher wird er durchs Leben gehen.

Märchen »aus der Dose«

Aus der Sicht mancher Eltern mag es verständlich sein, dass sie ihren Kindern Märchenkassetten kaufen. Der Rekorder erzählt, und so sparen sie Zeit für andere Dinge, die dringend erledigt werden müssen. Aber bestimmt ist diesen Eltern nicht bewusst, welche »Magie« im Erzählen steckt und wie viel Nähe und Vertrautheit gerade das Zuhören schafft. Die Stimme im Kassettenrekorder ist die eines Fremden. Sie kann niemals das, was Vater, Mutter, Oma oder der Lehrer kann und was ein Kind letztlich stark macht – eine Atmosphäre des Vertrauens schaffen, Geborgenheit schenken, Fragen beantworten oder wichtige Textstellen wiederholen. Das Märchen von der Kassette bleibt eben immer ein Märchen »aus der Dose«.

Durch die Atmosphäre, die das Erzählen erzeugt, kann unendlich viel Nähe geschaffen werden. Eltern sollten diese Momente, in denen sie eine liebevolle Vertrautheit mit ihren Kindern erleben, in vollen Zügen genießen.

Das Vertrauen, das beim Märchenerzählen entsteht, die Hingabe an einen geliebten Menschen beim Zuhören, kann die Basis sein, aus der eine Art Urvertrauen erwächst. Denn das Märchen beschäftigt sich ja mit existenziellen Lebensfragen, und die Antworten, die Erzähler und Zuhörer durch das Märchen finden, und die Zuwendung, die dabei gegeben wird, verbinden sie miteinander.

Zu wenig Bewegung und Kontakt

Hinzu kommt, dass Kinder beim Hören von Märchen von der Kassette alleine sind. Dabei ist Geborgenheit und Bindung die wichtigste Basis für seelisches und körperliches Wohlbefinden. Untersuchungen zufolge leiden Jugendliche, die auf die schiefe Bahn geraten, alle darunter, als Kinder einsam gewesen zu sein. Auch körperliche Beschwerden haben damit zu tun, dass sich Kinder zu wenig bewegen, also mit anderen toben und spielen. Die Folge sind Nervosität und Introvertiertheit.

Dies ist nicht nur eine Bücherweisheit, ich habe das selbst sehr eindrücklich erlebt. Meine Eltern waren Geschäftsleute und hatten nur wenig Zeit für uns Kinder. Oft haben wir sie nur wenige Minuten am Tag zu Gesicht bekommen. Aber dann nahm unser Vater ein Märchenbuch und las uns vor, oder er ließ unsere Kuscheltiere Geschichten erzählen – und diese Geschichten, die paar Minuten Zeit am Tag, waren für uns das Wertvollste, und wir haben aus ihnen unendlich viel Kraft geschöpft.

Märchen ganz vorlesen!

Nehmen wir einmal an, Ihr Kind hat Angst vor Gespenstern. Sie wählen das Märchen *Rauchende Gebeine* aus, aber weil Sie sich die Zeit nicht nehmen wollen oder können, lesen Sie den Text nur zur Hälfte vor und vertrösten das Kind mit dem Rest auf den nächsten Tag. Das würde bedeuten, dass es mit seiner Angst um den Jungen, der in der Geschichte auf der Insel ausgesetzt wurde und am nächsten Tag gefressen werden soll, alleine bleibt. Sie hätten damit genau das Gegenteil von dem erreicht, was erreicht werden soll. Märchen bieten eine Lösung an, und die ist für das Kind zur Konfliktbewältigung wichtig. Lesen Sie deshalb grundsätzlich das ganze Märchen vor, und stehen Sie dem Kind danach auch noch Rede und Antwort. Kennt das Kind das Märchen bereits und geht es im Weiteren darum, einzelne Szenen zu wiederholen, ist das natürlich etwas anderes. Dann können Sie auch einzelne Passagen vorlesen, ganz so wie das Kind es wünscht.

Zur Problembewältigung gehört die Lösung. Deshalb Märchen nicht splitten, sondern immer ganz vorlesen. Außerdem gehört zu einem Ritual, was das regelmäßige Vorlesen eines Märchens ist, immer ein Anfang und ein Ende. Das schützt vor Beliebigkeit.

Zuhören und auf Fragen antworten

Ein Kind braucht viel Freiraum, um seine Gedanken formulieren zu können, um zu Wort zu kommen und um ausreden zu können. Es braucht Ihre Geduld und Zeit. Ermutigen Sie es, Fragen zu stellen, wenn es etwas nicht versteht, und erklären Sie es ihm. Beharren Sie aber nicht auf Antworten, die eher dem Verstand eines Erwachsenen angemessen sind als dem eines Kindes. Die Art, wie Kinder das Erzählte empfinden, unterscheidet sich von der vernunftbetonten Herangehensweise der Erwachsenen. Dabei geben sie die erstaunlichsten Erkenntnisse zum Besten und philosophieren regelrecht. Versuchen Sie sich in die kindliche Welt hineinzuversetzen, lassen Sie sich ein, Sie werden sehen, wie erholsam dieser Ausflug in die Phantasie sein kann. Hier darf übertrieben werden, hier sind die Figuren drastisch, sie sind eindeutig böse oder gut oder verwandeln sich vom Drachen in die schöne Prinzessin. Derartige Eindeutigkeiten existieren in der Realität der Erwachsenen leider nicht mehr. Und die Kameradschaft, die sich auf diesen Gedankenreisen mit Ihrem Kind entwickelt, ist wertvoller als manche gut gemeinte Erklärung.

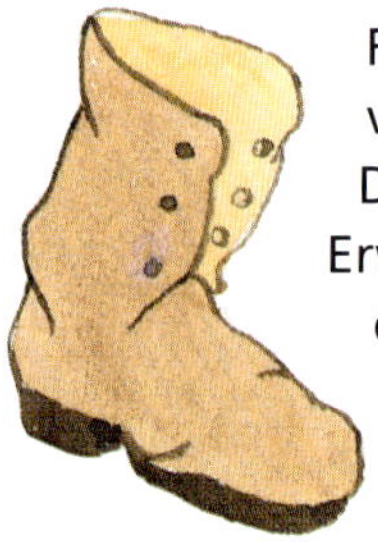

Sind Märchen für Kinder nicht zu grausam?

Ich kenne nur eine einzige Familie, die ihren Kindern auch die alten, ungeschönten Fassungen solcher Märchen wie z. B. Rotkäppchen vorliest. Da kommt dann kein Jäger mehr, um Rotkäppchen und die Großmutter durch eine Operation aus dem Bauch des Wolfes zu befreien. Die beiden wurden gefressen, und daran ist nichts mehr zu ändern.
Die meisten Eltern sind davon überzeugt, dass solche »Horrorbilder« ihren Kindern nur schaden würden. Andererseits ist es aber in sehr vielen Familien kein Problem, Kinder im Fernsehen Filme sehen zu lassen, in denen es gewalttätig zugeht. Schon die Kleinsten haben die Möglichkeit, stundenlang zuzusehen, wenn auf dem Bildschirm Menschen brutal zusammengeschlagen, erschossen oder in die Luft gesprengt werden, wenn sich Autos überschlagen und Flugzeuge explodieren. Das ist deutscher Fernsehalltag.

Kritiker argumentieren mit der Behauptung, dass manche Märchen viel zu grausam seien und Kindern darum nur schaden würden. Andererseits ist es aber in sehr vielen Familien gang und gäbe, Kinder im Fernsehen Filme sehen zu lassen, in denen Menschen ermordet werden und Autos in die Luft fliegen.

Wer frisst hier wen?

Die Frage drängt sich also auf, ob diese ablehnende Haltung gegenüber solchen »grausamen« Märchen nicht vielleicht ganz andere Ursachen hat. Vielleicht betreffen die Inhalte der Märchen eben auch uns Erwachsene, und wir fühlen uns durch sie mit unserer eigenen Grausamkeit und unserem eigenen Versagen konfrontiert. Denn selbstverständlich ist mit dem Wolf im Märchen nicht nur irgendein wildes und bedrohliches Tier gemeint, sondern auch das böse wilde Tier in uns, das die eigenen Kinder auffrisst. Und wenn Eltern im Märchen ihre Kinder aussetzen und sie dem Hungertod preisgeben, so ist damit natürlich nicht die konkrete Situation gemeint, sondern ein Aussetzen, das auf der psychischen Ebene stattfindet. Wir lassen unsere Kinder mit ihren Sorgen allein und setzen sie damit ihrem emotionalen Hunger aus. Welche Eltern können schon behaupten, dass ihnen das noch nie im Leben passiert ist?

Märchen packen uns also an der Nase, und das ist nicht immer leicht zu ertragen. Um dem zu entkommen, flüchten wir uns in die entschärften »Rosarot-Märchen« und meiden die anderen, die uns mit unseren tiefsten Abgründen konfrontieren.

Lehrt das Märchen lügen?

Aber nicht nur der Aspekt der Grausamkeit wird bei Märchen kritisiert, sondern auch der, dass durchaus nicht jedes Märchen edel, lehrreich und gut ist, sondern viele den moralischen Ansprüchen häufig nicht genügen. Man denke nur an den Meisterdieb, der Karriere macht, indem er andere Menschen bestiehlt und der Lächerlichkeit preisgibt. An die Prinzessin aus dem *Froschkönig*, die wortbrüchig und verwöhnt ist und ihren »Prinzen« dann auch noch herzlos an die Wand knallt. Soldaten verbünden sich mit dem Teufel, um an Geld zu kommen, andere lügen und stehlen Zauberdinge, Könige missbrauchen ihre Töchter, Prinzessinnen lassen gnadenlos Köpfe rollen, weil Prinzen ihre Aufgaben nicht lösen können, und vieles mehr.

Bei oberflächlicher Betrachtung könnte man meinen, dass Märchen zum Lügen, Stehlen und Übertreten von Verboten auffordern. Aber es gibt nun mal keine Entwicklung, würde ein Kind immer nur den vorgegebenen Weg gehen. Von Märchenhelden kann es lernen, neue Situationen durch kreatives Handeln zu meistern und die Verantwortung für falsches Tun selbst zu tragen.

Aber dies alles sind schließlich Varianten, die zum Leben gehören, und jeder Mensch wird auf die eine oder andere Weise mit solchen Situationen konfrontiert werden. Mit Hilfe von Märchen können Kinder mit diesen Themen Bekanntschaft machen, können sie in ihrer Phantasie gefahrlos durchleben und gestärkt aus solchen Erlebnissen hervorgehen.

Wir können und dürfen Kinder nicht von allem, was uns schrecklich und gefährlich erscheint, fernhalten. Was mit ihnen passiert, wenn wir es doch tun, macht das Märchen von der Unke deutlich – sie werden gewissermaßen lebensunfähig.

Sind Märchen noch zeitgemäß?

Wir wechseln ins 21. Jahrhundert hinüber und steuern mit Siebenmeilenschritten auf eine Zeit zu, in der nicht nur alles vorprogrammiert zu sein scheint, sondern die auch stark von Medien und Technik bestimmt sein wird. Die digitale Vernetzung wird nicht nur weltweit sein, sondern so gut wie jeden einbeziehen, und Entfernungen werden kaum noch eine Rolle spielen. Es wird technische Entwicklungen geben, die wir bislang als reine Utopie angesehen haben und die uns vielleicht erschrecken, aber wir werden trotzdem lernen müssen, damit umzugehen und zu leben. Und in solch einer Zeit sollen wir unseren Kindern noch etwas von Hänsel und Gretel und von den sieben Geißlein erzählen? Ist das denn überhaupt noch angebracht und zeitgemäß? Aus folgenden Gründen glaube ich, eine bejahende Antwort geben zu können.

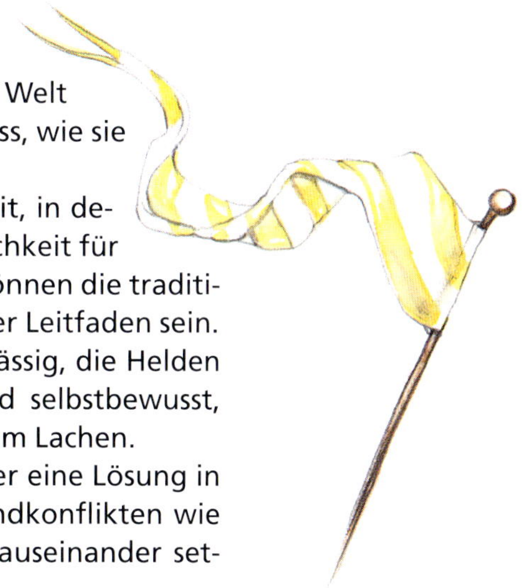

★ Durch Märchen erleben Kinder, dass die Welt keineswegs so starr und festgefahren sein muss, wie sie es im Alltag manchmal erfahren.

★ Gerade in Zeiten der Orientierungslosigkeit, in denen Geborgenheit, Vertrautheit und Verlässlichkeit für ein Kind nicht mehr selbstverständlich sind, können die traditionsbewussten Inhalte der Märchen ein sicherer Leitfaden sein.

★ Die Werte sind gleich bleibend und zuverlässig, die Helden sind am Ende doch immer wieder stark und selbstbewusst, oder sie bringen einen mit ihrer Dummheit zum Lachen.

★ Der Schluss eines Märchens birgt fast immer eine Lösung in sich, die dem Kind, das sich mit solchen Grundkonflikten wie Verlassenheit, Eifersucht, Angst und Freude auseinander setzen muss, auf seinem Weg weiterhilft.

★ Kinder lernen, Inhalte linear zu erfassen und eine logische Reihenfolge zu erkennen, denn Märchen haben immer einen Anstoß, eine Auswirkung und eine Lösung.

Märchen vermitteln traditionelle Werte

Natürlich können auch moderne Geschichten diese Aufgabe übernehmen. Aber sie stellen doch immer eine persönliche Ansicht und eine persönliche Lösung zu einem persönlichen Problem dar. Märchen hingegen haben sich entwickelt, bewährt, mit der Zeit immer wieder verändert und sind schließlich Volksgut geworden. Märchen und Mythen erzählen in ihrer Bildsprache von Erfahrungen, Hoffnungen, Ängsten, die in jedem Menschen vorhanden sind, vorhanden waren und auch in Zukunft immer vorhanden sein werden.

Die traditionsbewussten Inhalte der Märchen vermitteln Sicherheit, denn ihre Werte sind gleich bleibend und zuverlässig, und der Schluss eines Märchens zeigt fast immer eine Lösung auf.

Man sollte außerdem bedenken, dass sich die intuitive Interpretation der Kinder durchaus dem Wandel der Gesellschaft anpasst. Ein gutes Beispiel hierfür ist das Bild der sieben Geißlein, die alleine in der Wohnung sind, während die offensichtlich allein erziehende Mutter fortgeht, um etwas zu besorgen. Früher mag die Mutter, die ihre Kinder nicht ausreichend beaufsichtigen konnte, eine Witwe gewesen sein, die sehen musste, wie sie ihre »Geißlein« durchbringt, heute ist sie wohl eher geschieden oder bewusst allein erziehend. Aber Gültigkeit hatte dieses Bild damals so gut wie heute, und die Kinder werden es auf ihre Weise interpretieren.

Was willst du mir sagen?

»Als ich die Augen aufschlug, sah ich noch immer das blaue Wasser und mich auf dem Steg hinauslaufen und mit einem gewaltigen Satz in die Fluten springen. Ich tauchte und tauchte und tauchte …«

Die inneren Bilder, die uns in Träumen, Phantasiereisen und auch Märchen begegnen, wollen uns etwas mitteilen. Sie verschlüsseln ihre Botschaft und kommen mit bunten Farben und dramatischen Handlungen daher. Es lohnt sich zu verstehen, was diese Bilder bedeuten, dann gibt es für einige Probleme überraschende Lösungen.

Wie Märchen helfen

Die Hilfen zur Deutung ermöglichen den Eltern zu verstehen, was ihre Kinder ausdrücken möchten, wenn sie über die Bilder des Märchens sprechen oder sie malen. Kinder gehen intuitiv an die Märchen heran – eine rationale Erklärung würde sie verunsichern, sofern sie sie überhaupt verstehen.

Märchen wirken mit Hilfe von Symbolen hilfreich und schützend auf das Unterbewusstsein. Auf welche Weise Symbole die Kinderseele schützen können, zeigen beispielsweise Märchen, die sich mit dem Inzestthema auseinander setzen. Ein Trauma, über das ein Kind wahrscheinlich nicht freiwillig reden würde. Aber über die verschlüsselten Bilder des Märchens ist eine Konfrontation möglich. Die Bilder erzählen die Geschichte des Kindes, und doch ist es nicht das Kind selbst, dem das gerade passiert. Es kann über die Märchenfiguren reden, ihnen seine Empfindungen und Ängste in den Mund legen, ohne das Gefühl zu haben, zu viel von sich preiszugeben. Das Märchen wirkt wie ein Schutzschild. Deshalb ist es auch sehr wichtig, das Märchen nicht für ein Kind zu interpretieren, denn man würde ihm diesen Schutz wegreißen, und es wäre seinen Schrecken ausgeliefert.

Interpretationen für die Eltern

Die nachfolgenden Märchen sind nicht für Kinder, sondern für Eltern und Erzieherinnen und Erzieher interpretiert. Märchen wirken auf der Ebene des Unbewussten, und das Unbewusste versteht die Sprache der Symbole. Da Kinder zur Konfliktbewältigung neben der Konfrontation auf der unbewussten Bildebene auch die bewusste Auseinandersetzung brauchen, sollte der Erwachsene aus analytischer Sicht in das Märchengeschehen eingeweiht sein. So kann er dem Kind im Gespräch zielgerichtet antworten und helfend und erzieherisch einwirken. Hinzu kommt, dass der Erwachsene, der sein Kind an der Hand nehmen und durch eine schwierige Phase führen soll, in vielen Fällen selbst verunsichert ist, weil er nicht verstehen kann, was gerade mit dem Kind passiert, oder weil er sich an dem, was das Kind da durchmacht, irgendwie mitschuldig fühlt. Auch aus diesem Grund kann es hilfreich für ihn sein, die Märchen, die dem Kind zur Konfliktlösung angeboten werden, für sich selbst erst einmal analytisch zu betrachten, so wie ein befestigter Weg einem Menschen helfen kann, sich in der endlosen Weite einer eintönigen Landschaft zurechtzufinden. Die Interpretationen sind also sozusagen ein Crashkurs für die Eltern – was sich Kinder Schritt für Schritt selbst erarbeiten, und zwar auf einer emotionalen Ebene, wird hier in kurzer und knapper Form theoretisch erörtert.

Diese Interpretationen sollten aber nicht an die Kinder weitergegeben werden. Wenn das Kind Fragen zur Handlung stellt und Sie bittet, ihm etwas zu dieser oder jener Figur zu erklären, können Sie das selbstverständlich tun, aber nur sehr vorsichtig und ansatzweise. Das Kind erlebt Märchen, und die Bilder sind Wirklichkeit. Der Märchenheld zeigt ihm eine Art innere Ordnung, eine Moralität, an die es glauben, nach der es sich richten und auf die es vertrauen kann. Das Märchen wirkt durch sich selbst, und die Botschaft wird ganzheitlich verstanden. Außerdem, und das ist sehr wichtig, lassen sich manche Wahrheiten nur im Schutz der Symbole ertragen, offen dargelegt wären sie für das Kind unaussprechbar oder sogar unerträglich.

Wenn das Kind sich mit einer Figur aus einem Märchen identifiziert, ist das ein unbewusster Vorgang. Die Figur übernimmt für das Kind einen Part, der ihm, würde es sich ganz bewusst darauf einlassen, viel zu gefährlich wäre.

Märchen sind wie ein Zaubermantel, unter dem das Kind unsichtbar wird. Es kann nun die Märchenfigur für sich agieren lassen, kann sich hinter ihr verstecken und so aus einer sicheren Position heraus neue Erfahrungen machen.

Traum und Märchen

Während Träume Bilder sind, die aus unserem persönlichen Innersten, dem »individuellen Unbewussten«, kommen, sind Märchen Bilder, die sozusagen aus dem Innersten der Menschheit, dem »kollektiven Unbewussten«, stammen. Was Träume und Märchen verbindet, ist, dass sie wesentliche Aussagen über unsere Wünsche, Hoffnungen und Ängste machen, dass sie helfen, Probleme zu klären, Ängste zu bewältigen und Traumata zu verarbeiten. Weil die klare und direkte Aussage für einen Menschen oft unerträglich wäre, kleiden Träume ihre Mitteilungen in Symbole – auch das haben sie also gemein mit dem Märchen.

Zwar kommen Märchentexte von außen, durch die Kraft der Vorstellung, aber weil sie Botschaften aus dem kollektiven Unbewussten sind, zählen sie trotzdem zu den inneren Bildern.

Tagträume und innere Bilder können gezielt zur Gesundung der Seele eingesetzt werden. Träume ermöglichen es, unerträglich schreckliche Ereignisse im Schutz der Symbolik sozusagen aus einem »Sicherheitsabstand« zu betrachten.

Träume sind lebensnotwendig

Bei Versuchen mit Hunden haben Wissenschaftler festgestellt, dass sie sich, wenn sie konsequent am Träumen gehindert wurden, unnatürlich verhielten und sogar schon nach 10 oder 14 Tagen starben. Wohlgemerkt, man hat die Tiere schlafen lassen, aber immer wenn sie zu träumen anfingen, wurden sie geweckt. Für dieselben Versuche haben sich dann auch Menschen zur Verfügung gestellt, und als man sah, dass die Symptome, die sich bei ihnen im Anfangsstadium zeigten, mit denen der Hunde übereinstimmten, brach man die Versuche sofort ab, weil man auch hier befürchten musste, dass es zu Störungen kommen könnte.
Es steht also fest, dass Träume für die Psyche und damit auch für den Körper lebensnotwendig sind. Daraus resultiert logischerweise, dass das Unbewusste die Träume verstehen kann, obwohl sie symbolisch verschlüsselt sind.

Die Kraft der inneren Bilder

Dass innere Bilder wirken, hat also zum einen damit zu tun, dass sie, auch wenn sie symbolisch verschlüsselt sind, vom Unterbewusstsein verstanden werden.
In psychotherapeutischen Sitzungen erzählen Klienten immer wieder über Imaginationen etwas über ihre Probleme und können dann nicht erklären, was diese Bilder bedeuten. Innere Bilder wirken auch deshalb, weil reales Erleben und Vorstellung vom Unterbewusstsein nicht unterschieden werden können, da beide Informationen an derselben Stelle im Gehirn ankommen und verarbeitet werden.

Angenommen, Ihr Kind hat Angst, über eine Brücke zu gehen. Der einzige Weg, diese Angst zu überwinden, ist die Konfrontation. Das heißt, das Kind muss über die Brücke gehen, um sich von seiner Angst zu befreien. Gelingt es einem Therapeuten nun, es dazu zu bewegen, in der Vorstellung über eine Brücke zu gehen, hat das für sein Unterbewusstsein genau denselben Stellenwert, als wäre es tatsächlich über diese Brücke gegangen. Und wenn es das einige Male in der Vorstellung geübt hat, wird es auch die reale Brücke überqueren können. Auf dieser Basis funktioniert auch die innere Arbeit mit Märchen.

Märchen und andere innere Bilder wirken!

★ Sie ermöglichen es, unerträglich schreckliche Ereignisse im Schutz der Symbolik sozusagen aus einem Sicherheitsabstand nochmals zu erleben und zu verarbeiten.

★ Sie werden trotz symbolischer Verschlüsselung vom Unterbewusstsein verstanden.

★ Reales Erleben und Vorstellung können vom Unterbewusstsein nicht unterschieden werden.

Kleine Symbollehre

In der Märcheninterpretation ist die Bedeutung der Figuren mehr oder weniger festgelegt. So werden sich die meisten Kinder, wenn sie ein neues Märchen hören, wohl zuerst einmal mit dem Helden oder der Heldin identifizieren. Er oder sie zieht anstelle des Kindes los und bewältigt die vorgegebenen Aufgaben. Auch Prinzessin und Prinz stehen für das Kind, während König und Königin im Märchen als Eltern und Nebeneltern fungieren. Auch Riesen, ob schrecklich, hilfreich oder dumm, symbolisieren im Allgemeinen die Eltern oder andere Erwachsene, manchmal allerdings wachsen sich die Kinder im Märchen selbst zum Riesen aus und müssen die Eltern beschützen. Darin spiegelt sich einerseits die kindliche Selbstüberschätzung wider, die oft dazu führt, sich die Schuld am Tod oder Weggehen eines Elternteils zu geben, andererseits lässt es aber auch das Bedürfnis erkennen, »größer und stärker« als die Eltern zu sein und sich mit ihnen messen, sie sogar einmal übertrumpfen zu können.

Goldmarie und Pechmarie, also Held und Antiheld, sind Archetypen für gegensätzliche Verhaltensmodelle. Sie handeln eindeutig moralisch richtig und falsch. An dem, was ihnen passiert, können Kinder erkennen, welche Folgen ihr Handeln hat.

Ebenso können Drachen als Eltern und andere Erwachsene gedeutet werden. Im Kampf mit ihnen lernen Kinder, sich abzunabeln und erwachsen zu werden.

Stiefeltern, böse Hexen oder böse Zauberer symbolisieren die ungeliebte und gefährliche Seite der Eltern und anderer Erwachsener. Teufel, graue Männchen und andere dunkle Wesen hingegen sind so genannte Schattenfiguren oder unbewusste Teilpersönlichkeiten. Sie lassen sich als die dunklen Seiten in einem selbst deuten, als die Verführer, die inneren Widersacher.

Die oder der weise Alte, Lichtgestalten, sprechende Tiere und andere Helferfiguren sind als Gegenteil zu werten. Man könnte sie als das Selbst, das göttliche Ich, als Schutzengel oder auch als die guten Eltern sehen, die oft im allerletzten Moment in verwandelter Form (z. B. als Tier) doch noch eingreifen und das Kind vor dem Schlimmsten bewahren.

Bleibt noch der Wald als Symbol des Unbewussten. Dort passieren immer die Dinge, die dem Märchenhelden noch fremd sind und erst erfahren werden müssen.

Den Text mit Leben erfüllen

Sprache wird von kleinen Kindern in ihrer Bedeutung eher über das Gefühl erfasst als intellektuell verstanden. Der Ton der Stimme, die Körperhaltung des Erzählers, der lautmalerische Klang der Wörter vermitteln, worum es an dieser Stelle des Märchens geht.

Märchen, die einfach heruntergerasselt werden, sind Texte ohne Inhalt. Erst der Erzähler gibt den Worten Farbe, er haucht ihnen sozusagen das Leben ein. Damit der Erzähler dies kann, muss er selbst ein Verhältnis zu dem haben, was er vorträgt. Er sollte also Märchen, die er dem Kind vorträgt – besonders wenn er sie aus erzieherischen Gründen gezielt einsetzen möchte –, grundsätzlich vorher schon einmal gelesen, sich Gedanken dazu gemacht und sich mit ihrer Deutung befasst haben. Sollen Märchen wirken, muss der Erzähler sie auch ernst nehmen, ihnen die Kraft und Weisheit zutrauen, die er durch sie an das Kind weitergeben möchte. Es sind ja gar nicht so sehr die Wörter, die beim Kind ankommen, sondern vielmehr die Bilder, die diese Wörter zeichnen, und die Überzeugungen und Empfindungen, die beim Erzählen mitschwingen.

Die Sprache im Märchen

Oft wird von Eltern kritisiert, dass viele Märchen für kleinere Kinder vom Sprachgebrauch her nicht zu verstehen sind. Dies mag hier und da zutreffen, im Allgemeinen aber nicht. Kinder sollen sich ja auch sprachlich weiterentwickeln und können dies nur, wenn sie gefordert werden. Neue Wörter wecken ihr Interesse, der Reichtum der Sprache beflügelt ihre Phantasie. Außerdem verstehen Kinder Märchen nicht nur über ihre bildlichen Inhalte, sondern auch über Redewendungen oder Begriffe. Wenn ein Dreijähriger seinem 15-jährigen Bruder nachplappert: »Das find ich irre geil!«, dann hat er bestimmt die einzelnen Worte nicht verstanden, wohl aber, dass der ältere Bruder etwas gut findet.

So werden Kinder beeinflusst

Die menschliche Entwicklung – ob psychisch oder physisch – ist ein Prozess ständiger Veränderungen, und zwar vom Moment der Zeugung bis hin zum Tod. Meist verläuft die Entwicklung allmählich oder in sanften Schüben, seltener in abrupten Stößen.

Die Verhaltensentwicklung steht eng im Zusammenhang mit der Entwicklung des Körpers und den sich steigernden Möglichkeiten zu lernen, zu üben, Erfahrungen zu machen. Die Zeit, in der menschliche Entwicklung am intensivsten wahrzunehmen ist, ist während der Wachstumsphase, und hier speziell im Mutterleib, kurz nach der Geburt und vor der Pubertät.

Natürlich gibt es ganz individuelle Unterschiede im Entwicklungstempo. Sie können gravierende psychologische Folgen für einen Menschen haben, die sich nicht selten noch weit ins Erwachsenenalter hinein zeigen.

Die Frage nach den Auswirkungen der Erbanlagen bzw. den Einflüssen durch die Umwelt im kindlichen Entwicklungsprozess beschäftigt Eltern immer wieder. Oft wird dahinter die Angst erkennbar, dass »bei schlechten Erbanlagen alles verloren ist«, oder aber ein Versuch, die Verantwortung auf schlechte Umwelteinflüsse abschieben zu können, wenn man in der Erziehung Probleme hat.

Früher haben Psychologen den Erbanlagen einen hohen Stellenwert zugeschrieben, inzwischen weiß man allerdings, dass der Entwicklungsprozess eines Menschen durch ein ständiges Wechselspiel von ererbten und erlernten Kräften gekennzeichnet ist, und dass sogar Intelligenz bis zu einem gewissen Grad trainiert werden kann. Im Normalfall stehen also Erbanlagen und Umwelteinflüsse in ständiger Wechselwirkung, und ein Eingreifen in die psychische Entwicklung eines Kindes durch Erziehung ist daher immer möglich.

Erstaunlich ist, dass es immer noch Menschen gibt, die nicht glauben wollen, dass kleine Kinder besonders viel Liebe und Zuwendung brauchen. Das heißt aber nicht, dass diese Zuwendung einzig und alleine die biologischen Eltern geben können. Eine liebevolle Oma, Tagesmutter oder ein Onkel kann mithelfen, »das Maß zu füllen«.

Kinder brauchen Nebeneltern

Ein Ehepaar lebt mit nur einem oder zwei Kindern in einer kleinen Wohnung weit abseits von anderen Verwandten – das ist heutzutage die Regel. Jeder ist ganz auf sich selbst gestellt, die Verantwortung für die Kinder liegt im günstigsten Falle bei

Während früher den Erbanlagen ein hoher Stellenwert zugeschrieben wurde, weiß man heute, dass der Entwicklungsprozess durch das ständige Wechselspiel von ererbten und erlernten Kräften gekennzeichnet ist.

beiden Elternteilen, oft aber auch nur bei einem Alleinerzieher. Kinder brauchen jedoch Nebeneltern. Damit gemeint sind andere Bezugspersonen, die dem, was die Eltern an Werten und Wissen vermitteln, noch etwas hinzusetzen können.
Ein Beispiel: Sie legen keinerlei Wert auf Drill beim Essen. Eine gute Stimmung, ein fröhliches, lockeres Miteinander ist Ihnen bedeutend wichtiger. Isst das Kind jedoch bei der Oma, darf es nicht schmatzen und muss die Ellenbogen vom Tisch nehmen, denn ihr scheint es wichtig, dass ein Mensch gute Tischmanieren hat und das auch frühzeitig lernt. Mutter und Oma vermitteln also ganz verschiedene Werte, und beide Ansichten sind auf ihre Art sicher richtig.
Die Mutter könnte nun hingehen und mit der Oma Streit anfangen und sagen: »Nur was ich sage, ist hier relevant, misch du dich mal nicht in die Erziehung ein!« Sie könnte ihrem Kind aber auch deutlich machen, dass es im Leben nicht nur eine Ansicht gibt, die Gültigkeit hat, sondern dass es verschiedene Wahrheiten und Möglichkeiten gibt, mit den Dingen umzugehen. So könnte das Kind nicht nur lernen, sich eine eigene Meinung zu bilden, sondern vor allem, dass es einerseits trotz einer eigenen Meinung angenommen wird und andererseits nicht dickköpfig auf seiner Meinung beharren muss.

Nebeneltern sind also wichtig für ein gesundes Selbstbewusstsein und für die Entwicklung der Kinderpsyche. Kinder lernen, über den Rand ihres Tellers hinauszusehen und solche Werte wie das Recht auf eine eigene Meinung zu verstehen und zu verinnerlichen.

Mit Zeit umgehen lernen

Kinder, die sehr auf ihre Eltern fixiert sind, fordern natürlich auch viel von ihnen. Sie sind Prinz oder Prinzessin, und Eltern müssen Spielkamerad, Taxifahrer, Krankenpfleger, Klavierlehrer, Schneider für Ballettkostüme und vieles mehr sein. Dass da kaum noch Platz bleibt für die eigenen Bedürfnisse, verwundert nicht.
Andererseits werden in vielen Familien Kinder durch die Ansprüche der Eltern überfordert. Sie sollen den fehlenden Partner ersetzen, sie sollen gut sein in der Schule und nebenbei

noch ein Instrument erlernen. Ganz abgesehen von den Leistungsanforderungen ist die Schule Zeitfaktor Nummer eins. Inklusive Hausarbeit hat ein Zwölfjähriger eine 60-Stunden-Woche. Untersuchungen zufolge muss er täglich knapp sechs Stunden in der Schule verbringen, etwa eine Stunde für den Schulweg aufwenden, mehr als zwei Stunden an den Hausaufgaben sitzen, eine halbe Stunde im Haushalt mithelfen, er bekommt eine halbe Stunde organisierten Unterricht, wie z. B. Sporttraining, verbringt 13 Stunden mit Schlafen, Waschen und Essen, leistet knapp eine halbe Stunde bezahlte Arbeit, wie z. B. Babysitten, und es bleibt ihm höchstens eine Stunde zur freien Verfügung. Angemessen wäre nach ärztlicher Ansicht eine freie Zeit von drei Stunden ohne jede Verpflichtung für Zwölfjährige und zwei Stunden für Sechzehnjährige.

Liebe – der Brunnen, aus dem Kinder Kraft schöpfen

Mit der Liebe ist es wie mit dem Essen. Wenn ein Mensch zu wenig davon hat, wird er ständig unter seinem Hunger leiden und nur ans Essen denken. Erst wenn er darauf vertrauen kann, dass genügend Nahrung für ihn da ist, kann er diesen Hunger vergessen und sich anderen Dingen zuwenden.

Wenn einem Kind Liebe und Geborgenheit fehlen, wird es aller Voraussicht nach einen gierigen Hunger nach Zuwendung entwickeln und dazu neigen, diejenigen zu hassen, die sie ihm nicht geben oder nicht zu geben scheinen. Und zwar bis ins hohe Alter hinein.

Was Kinder wirklich brauchen, ist Liebe. Und damit ist nicht ein ständiges Für-sie-da-Sein gemeint, sondern die Gewissheit, bei den erwachsenen Familienmitgliedern bei Bedarf Zuwendung und Geborgenheit zu finden. Einen Trost, ein Lob zur rechten Zeit, ein offenes Ohr, wenn es etwas erzählen will, Zärtlichkeit, aber auch das Vertrauen, sich vorübergehend aus dem Familienverband lösen zu dürfen, ohne später dafür bestraft zu werden. Damit meine ich das Loslassen der Kinder, sie gehen zu lassen, ohne ihnen dafür böse zu sein, und sie später wieder anzunehmen, ohne sie mit offenen oder versteckten Vorwürfen zu quälen, weil ihnen an diesem Nachmittag ein Freund oder sonst ein anderer Mensch wichtiger war.

Es ist erwiesen, dass zwar nicht alle Kinder, die ein Defizit an Liebe und Zuwendung haben, auffällig werden, dass aber so gut wie alle, die auffällig werden, ein Defizit an Liebe und Zuwendung hatten. Fazit: Macht ein Kind Probleme, hat es auch welche! Ob diese in der Familie oder im weiteren Umfeld des Kindes zu suchen sind, muss herausgefunden werden.

Keine Angst vor Gespenstern!

»Er sah hinter dem Busch ein Skelett liegen. ›Hast du mit mir gesprochen?‹, fragte er ängstlich. ›Ja‹, antwortete das Skelett mit sanfter Stimme. ›Vielleicht kann ich dir helfen.‹«

So geht es manchmal: Das, was einem am meisten Angst macht und vor dem man ständig vergeblich zu fliehen versucht, ist häufig gar nicht so schrecklich, wenn man einmal genau hinsieht. Wer sich diesen dunklen Mächten einmal stellt, wird im Gegenteil feststellen, dass sie einem mit ihrer Kraft aus so mancher Bedrängnis helfen können – man muss sich ihnen nur anvertrauen.

Die dunkle Seite der Psyche wird lebendig

Wenn Kinder nachts von Gespenstern und bedrohlichen Wesen geplagt werden und dann weinend und voller Angst ins elterliche Schlafzimmer kommen, versuchen manche Eltern sie mit dem Hinweis zu trösten, dass es Gespenster ja gar nicht gibt. Das ist sicher gut gemeint, aber grundverkehrt. Kleine Kinder, bis zum Alter von etwa sieben Jahren, können nicht klar zwischen Realität und Vorstellung unterscheiden. Wenn sie ein Gespenst »wahrnehmen«, dann ist es auch Wirklichkeit für sie. Wenn Eltern dann aber behaupten, es gäbe keine Gespenster, »lügen« sie, sie werden in den Augen ihres Kindes unglaubwürdig und unzuverlässig, denn sie lassen es mit seinem Problem alleine.

Praktisch jedes Kind macht eine Phase durch, in der es sich im Traum oder Wachtraum von undefinierbaren Wesen bedroht fühlt. Psychologisch betrachtet sind dies dunkle Innenwesen oder Schattenfiguren, die über den Traum ins Bewusstsein gehoben werden. An sich ein heilsamer Vorgang, denn sobald das, was uns im Unterbewusstsein quält, ins Bewusstsein verlagert wird, haben wir ein Gegenüber und können uns damit auseinander setzen.

Wird ein Kind tatsächlich durch irgendetwas oder irgendjemanden bedroht? Oder handelt es sich um ein undefinierbares Schattenwesen, das durch seine Innenwelt geistert? Träume weisen darauf hin, wenn man sie genau betrachtet.

Alpträume – Spiegel der Ängste

Gespenster, die Kinder im Traum oder in der Phantasie bedrohen, sind nicht unbedingt mit Alpträumen gleichzusetzen. Ein Alptraum könnte etwa so aussehen: Das Kind steht auf einem schmalen Grat, es kann weder vor noch zurück und hat Angst abzustürzen. Die Frage ist, warum das Kind Angst hat abzustürzen. Was belastet es so sehr? Die Lösung wäre ein Weg, der von diesem Abgrund wegführt …

Alpträume sind Träume ohne Lösung und sind Spiegel von Ängsten, die ein Kind gerade hat. Darum ist es wichtig, sich diese Träume genau erzählen zu lassen. Schon damit das Kind sich befreien kann, aber auch, um herauszufinden, ob der Angst des Kindes konkrete Ereignisse zugrunde liegen.

Kraft schöpfen durch die Konfrontation

Der schnellste und sicherste Weg, um sich von Ängsten zu befreien, ist die Konfrontation. Werden wir mit dem Auslöser unserer Angst konfrontiert, müssen wir uns mit ihm auseinander setzen und haben so die Möglichkeit, ihn ganz zu erfassen und uns ein neues Bild zu machen.

Wenn Ihr Kind im Traum immer wieder von einem »bösen Wesen« verfolgt wird, sollte es sich einmal vorstellen, stehen zu bleiben, sich umzudrehen, das Wesen zu betrachten und es zu fragen, was es will. Meist stellt sich dabei heraus, dass es gar nicht so böse ist.

Ein Wesen mit roten Feuerhaaren

Fordern Sie Ihr Kind auf, dieses Wesen genau zu beschreiben und es immer wieder zu malen. Und dann wäre ein nächster möglicher Schritt, zusammen mit dem Kind etwas Gutes an diesem Wesen zu suchen. Sie könnten z. B. sagen:
»Auf diesem Bild sieht das Gespenst zwar ganz gefährlich aus mit seinen roten Haaren, aber ich finde, es hat freundliche Augen. Vielleicht ist es ja nur so böse, weil es immer so alleine ist?« Damit nimmt das Wesen menschliche Züge an, und das Kind kann sich ihm zuwenden. Beobachten Sie, ob sich die Bilder mit der Zeit verändern, und weisen Sie das Kind behutsam darauf hin.

Das Gespenst im Märchen

Aber nicht immer sind diese dunklen Innenwesen so konkret, dass ein Kind sie genau benennen könnte. Oft ist es eher eine diffuse Angst, die das Kind quält. Es erzählt dann von undefinierbaren Wesen, die es bedrohen und durch deren Gegenwart es sich machtlos fühlt. Wesen, die im höchsten Maße gefährlich zu sein scheinen und es irgendwann auffressen werden.
Gerade in solchen Fällen können Märchen sehr hilfreich sein, weil sie dem Kind ein konkretes Feindbild anbieten, das es hassen und fürchten kann, außerdem einen Helden, mit dem es sich identifizieren kann, und schließlich eine Lösung. Und da zudem ein Erwachsener anwesend ist, nämlich der Vorleser oder Erzähler, kann es die Konfrontation im Schutze dieses vertrauten Menschen angehen und ist nicht alleine wie nachts in seinen Träumen oder Wachträumen.

Anna träumt vom blauen Flämmchen

Wenn ein Kind die Aufgabe, die sich ihm stellt, letztlich auch allein bewältigen muss, so braucht es doch die Sicherheit, dabei nicht »allein gelassen« zu sein. Der Erwachsene, der ihm rät und im Notfall erreichbar ist, gibt ihm die nötige Sicherheit.

Das erste Märchen zu diesem Thema handelt von Anna, einem Mädchen, das im Traum Geister sieht – es wird einem Kind, das sich in derselben Situation befindet, darum nicht schwer fallen, sich mit ihm zu identifizieren.

Anna kommt als Magd in ein fremdes Haus zu einem freundlichen alten Herrn. Schon anderen Dienstboten vor ihr sind in diesem Haus nachts seltsame Geister erschienen, aber die haben sich im Gegensatz zu Anna dem Problem nicht gestellt, sondern sind fortgelaufen. Anna jedoch bleibt. Sie befreit durch ihre »innere Arbeit« den Geist, von dem sie besessen ist, und gewinnt dabei natürlich einen großen Schatz – und zwar einen, das wird extra noch betont, der ihr nicht wieder verloren gehen wird. Sie war mutig, sie hat sich gestellt, sie ist dabei die Stärkere geblieben, und dieses Bewusstsein kann ihr niemand mehr nehmen!

Ein guter Ratschlag bringt die Rettung

Es gibt zwei Helfer in diesem Märchen, einen freundlichen alten Herrn, bei dem sie in Dienst ist und der als Vaterfigur fungiert, und einen Pfarrer, der hier wohl als Symbol für den göttlichen Vater steht. Beide reden ihr gut zu und machen ihr Mut, die Begegnung mit dem Geist durchzustehen. Anna lässt sich darauf ein und befolgt den Rat des Pfarrers, der sagt, sie soll dem blauen Flämmchen ruhig folgen, dabei aber keinesfalls etwas von ihm annehmen und nichts für es tun, und vor allem soll sie darauf achten, dass es immer vor ihr geht. Mit anderen Worten: Setz dich mit dem Geist, der dich nachts plagt, auseinander, aber achte darauf, dass du dich ihm nicht unterordnest und dass du ihn immer vor dir hast. Denn was wir sehen können, ist uns auch bewusst und hat darum keine Macht über uns! Wäre das Geistwesen hinter Anna, also im Unbewussten, hätte es die Möglichkeit, gegen sie zu agieren, und Anna wäre verloren.

Aber Anna bleibt standhaft und hat so am Schluss nicht nur den Geist befreit, sondern auch noch einen wertvollen Schatz zur Belohnung erhalten: Das Selbstvertrauen, mit dem sie die Sache von Anfang an angepackt hat, hat sich in der Gefahr bewährt und ist dadurch noch stärker geworden.

Das blaue Flämmchen

Einst lebte ein einzelner alter Herr in einem uralten Hause, bei dem blieb selten ein Gesinde lange. Alle die Dienstboten, die er gehabt, erzählten, es sei nicht recht geheuer in dem Hause. Man höre Gespenster rumoren, sehe Flämmchen an dunklen Orten und werde auch auf sonstige Weise von Spukdingern geschreckt.
Nun geschah es, dass bei diesem Herrn abermals eine neue Magd einzog, welche Anna hieß, und nach der ersten Nacht fragte der Herr die Dienerin, wie sie geschlafen habe, denn er besorgte sich, schon wieder Klage über Geisterspuk im Hause zu vernehmen. Die muntere Dirne aber antwortete ihm, sie habe ganz gut geschlafen.
Eine gleiche Antwort auf die gleiche Frage erfolgte auch am zweiten Morgen. Am dritten Morgen aber verschlief sich die Magd; war denn verlegen und sagte: »Mir war die ganze Nacht, als tanze um mein Bett herum ein bläuliches Lichtlein, und das flüsterte fort und fort: »Geh, Ann! Geh, Ann!«, so dass ich nicht eher einschlafen konnte als gegen Morgen beim ersten Hahnschrei.«
Wie nun einige Nächte hintereinander diese Beunruhigung fortdauerte, so zeigte das Mädchen Neigung, den neu angetretenen Dienst wieder zu verlassen. Das war dem Herrn leid, und er sagte zu der Anna: »Weißt du was, Anna, sprich doch einmal mit dem Herrn Pfarrer darüber, vielleicht kann dieser dir einen guten Rat erteilen!«
Der Geistliche sagte nun zur Anna, als diese ihn fragte: »Wenn das blaue Licht ein Geist ist und dich ruft, so ziehe dich schnell an und folge ihm. Sei aber dabei sorglich und auf deiner Hut, dass du nichts von ihm annimmst, nichts ergreifst, was er dir bietet, nichts tust, was er dir heißt, und dass er dir stets vorangehe. Tust du genau nach diesem Rate, so kann es dein Glück sein.«
Abends war die Dirne kaum im Bette, so tanzte das blaue Flämmchen wieder um dasselbe herum und flüsterte wieder: »Geh, Ann! Geh, Ann!«

»Wenn es denn sein muss«, sagte Anna, indem sie aus dem Bette und rasch in die Kleider fuhr, »so gehen wir.«
»Geh, Ann!«, flüsterte das Flämmchen.
»Geh du voran!«, sprach Anna, und da flackerte das Flämmchen vor ihr her, über einen Gang, die Treppe hinunter, bis vor die Kellertüre. Dort flüsterte das Flämmchen wieder: »Schließ auf, Ann!«
»Schließ du auf!«, sagte Anna. »Ich habe keinen Schlüssel.« Da schien das Flämmchen die Gestalt eines kleinen weißen Weibleins zu gewinnen, das hauchte gegen das Schlüsselloch, und da ging die Kellertüre auf. Jetzt schwebte die bläulich schimmernde Gestalt die Kellertreppe hinunter vor Anna her nach des Kellers hinterster Ecke. Dort lehnte eine Hacke an der Mauer, und das Weibchen, dessen bläulicher Lichtschimmer den Keller leidlich hell machte, deutete auf das Werkzeug und flüsterte: »Hacke hier ein Loch, Ann!«
»Hacke du ein Loch!«, sprach Anna, »ich brauche keins.« Und da ergriff das Weiblein wirklich die Hacke und arbeitete tüchtig drauflos. Nach kurzer Weile kam ein Kesselchen zum Vorschein, darinnen lagen allerhand schöne Sachen, alte Goldmünzen und Schmuck von guten Perlen und Edelsteinen.
»Heb, Ann! Heb heraus, Ann!«, flüsterte der Geist, aber Anna sprach ganz ruhig: »Hebe du heraus, ich könnte mir Schaden tun.« Da hob auch das Weiblein das Kesselchen aus dem Boden und setzte es vor Anna hin, dass es klang und klirrte, das viele Gold und Silber, welches darinnen lag.

»Trag's hinauf, Ann, in deine Kammer!«, flüsterte das Frauchen. Doch Anna sagte: »Trag's selber hinauf. Mir ist's zu schwer.« Da hob das Weiblein das Kesselchen und flüsterte wieder: »Geh, Ann! Geh, Ann!«
Anna erwiderte: »Geht nicht an! Der Leuchter geht voran!« So ging denn auch das Weiblein wieder aufwärts voran, aber langsam, denn es trug schwer an dem Kesselchen, und ächzte und stöhnte alle die Treppen hinauf bis in Annas Bettkammer. Da setzte es das Kesselchen hin, und Anna legte sich wieder in ihr Bett, und um das Bett tanzte wieder das bläuliche Licht. Da schlug Anna ein Kreuz und sprach: »Hast du mir geholfen, so helfe jetzt dir Gott in das ewige Himmelreich, Amen!«

Da stand noch einmal das weiße Weiblein in klarer Gestalt vor Anna, und sein Gesicht leuchtete im Schimmer reinster Freude – dann verschwand es plötzlich. Anna schlief ruhig ein, und als sie am Morgen erwachte, glaubte sie, sie habe das alles nur geträumt. Aber siehe da – das Kesselchen war noch vorhanden, und ein ansehnlicher Schatz war ihr beschert. Nie spukte wieder ein Geist im Hause des alten Herrn.

Ein Skelett als guter Freund

Auch wenn dieses Märchen aus einer anderen Kultur stammt, ist *Rauchende Gebeine* sehr gut geeignet, unsere Kinder mit ihrer Angst vor dunklen, bedrohlichen Gespenstwesen zu konfrontieren. Der Held ist ein ganz normaler Junge. Er gesteht sich seine Angst durchaus ein, besiegt den inneren Feind, den Menschenfresser, aber trotzdem. Dabei kommen ihm ein freundliches Gerippe und die eigene Besonnenheit und Klugheit zu Hilfe.

Die Geschichte kommt ins Laufen, weil der Junge das Verbot des Onkels übertritt. »Geh nicht ans Meer«, sagt der Onkel, »denn wer dorthin geht, kommt nicht mehr zurück.« Der Junge tut, was er tun muss, um erwachsen zu werden; er übertritt das Verbot, geht los und stellt sich der Herausforderung. Kaum am Meer, stößt er auch schon auf den Menschenfresser, der sich ihm zuerst freundlich zeigt und ihn einlädt, mit auf eine unbewohnte Insel zu kommen, wo es Vögel zu jagen gebe. Doch der Menschenfresser hat gar nicht vor zu jagen, er setzt den Jungen aus und fährt ohne ihn zurück zum Festland, um in der Nacht wiederzukommen und ihn zu verschlingen.

Nun ist der Junge alleine, irrt herum und will gerade verzweifeln, als er auf ein Gerippe stößt, das sprechen kann, ihn bedauert und ihm dann seine Hilfe anbietet.

Rauch symbolisiert nicht nur bei den Indianern und in den östlichen Religionen den spirituellen Geist und damit die göttliche Kraft, sondern auch in unserem Kulturkreis – man denke nur an den Weihrauch in der katholischen Kirche.

Der Angst begegnen

Genau das ist es, was ein Kind, das fürchtet, von einem bösen Gespenst verschlungen zu werden, zuerst einmal braucht – Mitgefühl, Zuwendung und jemanden, der es an der Hand nimmt und vorsichtig auf den Weg bringt, sich selbst aus seiner Misere zu helfen. In diesem Falle ist der gute Helfer ein Gerippe, also an sich auch ein Angst machendes Gespenstwesen, was die Konfrontation mit den Ängsten noch verdoppelt.

Der Junge merkt aber schon bald, dass das Gerippe ihm gut gesonnen ist, und lässt sich vertrauensvoll darauf ein. Um richtig denken zu können, muss das Gerippe aus einer Pfeife rauchen. Es erarbeitet schließlich einen Plan, wie der Junge gerettet werden kann.

Rauch ist etwas, das eine Verwandlung durchgemacht hat und von der Erde zum Himmel aufsteigt. Er symbolisiert auf die Geschichte bezogen also den spirituellen Geist, die göttliche Kraft. Und wenn wir uns mit dieser Kraft verbinden, werden wir auch eine Lösung finden.

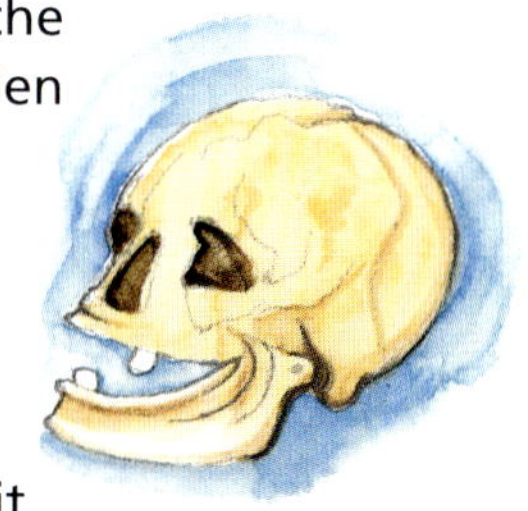

Selbstständiges Handeln ist nötig

Die Lösung ist dann eine List, durch die der Junge sich erfolgreich verstecken und schließlich von der Insel fliehen kann. Aber nicht nur die ersonnene List ist vonnöten, damit der Plan gelingen kann, sondern auch die Klugheit und Besonnenheit des Jungen. Das Gerippe hilft ihm zwar, einen Plan auszuhecken, aber durchführen muss er ihn doch selbst!

Es ist wichtig zu begreifen, dass wir unseren Kindern niemals die ganze »Arbeit« abnehmen können. Wir können ihnen bei der Konfliktlösung behilflich sein, aber letztlich müssen sie ihren Weg alleine gehen. Und ebenso wichtig ist, ihnen das Gefühl, es alleine geschafft zu haben, auch zu lassen. Dazu ein Beispiel: Eine Mutter kommt mit ihrem achtjährigen Sohn in die Beratungsstunde. Auffallend ist, dass die Mutter immerzu von »wir« spricht. »Wir haben zusammen gelernt, und dann haben wir eine Zwei im Rechnen geschrieben!«, sagt sie. Dieser Junge hat kein Erfolgserlebnis für sich alleine.

Erst wenn eine Mutter ihrem Kind zugesteht, auch etwas alleine schaffen zu können und zu dürfen, kann sein Selbstvertrauen wachsen und ein lebenslustiges Kind aus ihm werden. Bis dahin wird es an ihrem Rockzipfel hängen, und beide werden unter diesem Zustand leiden.

Die Angst wird besiegt

Aber zurück zum Märchen. Der Plan wird also durchgeführt und gelingt. Am Ende ist nicht nur der Menschenfresser tot, sondern der Junge hat mit Hilfe der Pfeife auch all die anderen, die auf dieser Insel durch den Menschenfresser umgekommen waren, wieder zum Leben erweckt. Unter anderem die eigene Schwester und eben jenes Gerippe, das sich nun als ein junger, schöner Krieger entpuppt.

Und damit sind wir bei der letzten wichtigen Botschaft, die in diesem Märchen steckt: »Wenn ich meiner Angst (nämlich dem Menschenfresser) keine Nahrung mehr gebe, wird sie sterben. Und ist sie gestorben, und habe ich mich mit meiner inneren (göttlichen) Kraft verbunden, wird aus dem leblosen Gerippe, das bewegungslos herumliegt und nicht agieren kann, wieder ein lebendiger Mensch werden.«

Rauchende Gebeine

Ein Junge besuchte einst seinen Onkel, der in einem fernen Land wohnte. Dort führte ihn der Onkel überall herum, zeigte ihm alles und sagte, dass er hingehen dürfe, wo es ihm gefiel, nur der Weg zum Meer sei ihm verboten. Als der Junge wissen wollte, weshalb, sagte der Onkel: »Auch deine Schwester wollte einmal bei mir wohnen. Sie lief hinunter zum Meer und kam nie mehr zurück. Es scheint, als ginge es dort nicht mit rechten Dingen zu.« Der Junge schwieg dazu, aber im Geheimen dachte er: »Wenn ich zum Meer gehe, kann ich meine Schwester vielleicht finden!«

Eines Tages, als sein Onkel auf die Jagd ging, machte der Junge sich auf, seine Schwester zu suchen. Als er zum Strand kam, begegnete ihm ein Mann, der zeigte auf eine Insel und sagte: »Dort fahre ich hin, um Vögel zu schießen. Wenn du möchtest, nehme ich dich mit.«

»Das möchte ich gerne, aber wir haben kein Kanu«, sagte der Junge. Da pfiff der Mann, und im selben Moment tauchte hinter den Felsen ein Kanu auf, das wurde von sechs weißen Schwänen gezogen. Sie setzten sich in das Kanu, und dann sang der Mann folgenden Vers:

Schwimmt, ihr Schwäne, übers Meer,
zieht uns hinüber und mich wieder her.
Die Glut ist verloschen, das Band ist gebrochen,
ich hab euch gefangen, mir müsst ihr gehorchen!

Die Schwäne zogen an, und im Nu waren sie auf der Insel. »Ich geh rechts herum, du links, und jeder von uns schießt so viele Vögel wie nur möglich«, schlug der Mann vor. »Wenn wir uns hier wieder treffen, wird sich ja zeigen, wer von uns der bessere Jäger ist.«

So geschah es auch. Aber der Junge sah auf dem ganzen Weg keinen einzigen Vogel, den er schießen hätte können. Überall lagen nur menschliche Gebeine herum, und das machte ihm ziemlich Angst. Als er über den Hügel zum Kanu zurückging, sah er in der Ferne den Mann am Strand entlanglaufen und hörte ihn singen:

Kommt, ihr Schwäne, nicht länger wir weilen,
es ist an der Zeit, nach Hause zu eilen.
Die Glut ist verloschen, das Band ist gebrochen,
ich hab euch gefangen, mir müsst ihr gehorchen!

Sofort zogen die Schwäne das Kanu zum Ufer, und der Mann setzte sich hinein. Dann schwammen sie fort, ohne den Jungen mitzunehmen. Verzweifelt lief er hinter ihnen her, rief und schrie, aber der Mann drehte sich nicht einmal nach ihm um.
Der Junge lief überall herum und suchte nach einem alten Kanu, aber es gab keines. Als schließlich die Dämmerung hereinbrach und es immer kälter wurde, zitterte er vor Angst und Kälte und fing an zu weinen. Da hörte er hinterm Busch eine Stimme.
»Du tust mir wirklich Leid«, sagte sie.
Erschrocken sprang der Junge auf. Die Stimme machte ihm zuerst noch mehr Angst, doch dann fand er, dass sie ja eigentlich ganz freundlich klang, und dass es doch gut war, nicht ganz alleine hier zu sein. Er sah hinter den Busch, konnte aber nichts entdecken als ein Skelett, das da lag. »Hast du mit mir gesprochen?«, fragte er ängstlich.
»Ja«, antwortete das Skelett mit sanfter Stimme. »Vielleicht kann ich dir helfen, aber dazu brauche ich meine Pfeife, meinen Feuerstein und Tabak, denn in meinem Schädel hausen Mäuse und hindern mich am Denken. Aber wenn ich rauche, suchen sie bestimmt das Weite!«
»Und wo finde ich deine Pfeife?«, fragte der Junge. – »Dort unter dem Ahornbaum habe ich einst alles vergraben.«
Der Junge fand tatsächlich Pfeife, Feuerstein und Tabak. Er zündete für das Skelett eine Pfeife an, und als es ein wenig geraucht hatte, mussten die Mäuse heftig niesen und ergriffen rasch die Flucht. Jetzt konnte das Skelett endlich wieder klar denken. »Also, pass auf!«, sagte es zu dem Jungen. »Der Mann mit dem Kanu ist ein Menschenfresser. Sobald es dunkel ist, wird er zurückkommen, um dich zu fressen, so wie er auch mich und all die anderen aufgefressen hat. Wenn wir das verhindern wollen, muss uns etwas einfallen … darum sei ganz still, und lass mich in Ruhe nachdenken!«

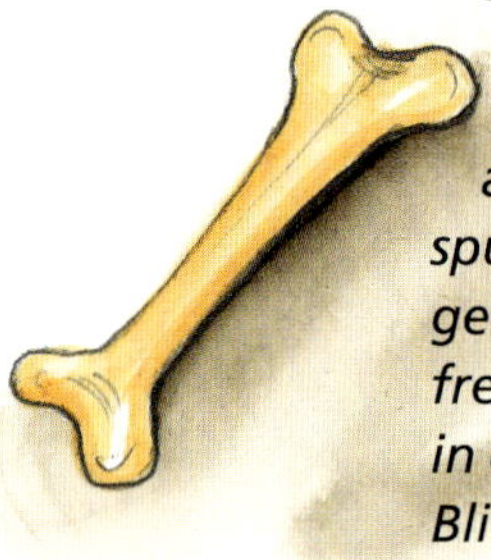

Der Junge wurde ganz starr vor Angst und Entsetzen. Sein Herz schlug ihm bis zum Hals – bumm, bumm, bumm! Aber er sagte kein Wort, damit er das Skelett nicht beim Denken störte.

»Er wird seine Hunde mitbringen, um sie auf dich zu hetzen«, sagte das Skelett. Um sie zu verwirren, musst du überall kreuz und quer herumlaufen und möglichst viele Fußspuren hinterlassen. Dann musst du rückwärts zu dem Baum gehen, der vom Blitz gespalten wurde, so dass der Menschenfresser denkt, du seist vom Baum aus weggegangen. Klettere in den Baum, und verstecke dich in der tiefen Furche, die der Blitz hinterlassen hat, und deck dich mit den Blättern des Baumes zu, denn sie verströmen einen sehr starken Duft. So können dich die Hunde nicht riechen. Und jetzt beeile dich!«

Der Junge tat, wie das Gerippe vorgeschlagen hatte. Er rannte überall herum und hinterließ Fußspuren, und als es so dunkel wurde, dass er kaum noch seine Hand vor Augen sehen konnte, ging er rückwärts zu dem gespaltenen Baum, versteckte sich in seinem Stamm und deckte sich mit den Blättern zu. Kaum war das geschehen, kam auch schon der Menschenfresser zurück. Er hatte drei Hunde bei sich, die er hinter dem Jungen herhetzte. Aber die vielen Fußspuren verwirrten sie ganz, und am Schluss ließen sie sich winselnd nieder und gaben die Suche auf. Auch der Menschenfresser suchte und schnüffelte überall herum, doch er konnte den Jungen ebenfalls nicht finden. Gegen Morgen gaben sie endlich auf, stiegen ins Kanu und ließen sich von den Schwänen zum Festland hinüberbringen.

Der Junge wagte sich aus seinem Versteck und ging zum Skelett hinüber. »Er hat dich also nicht gefunden!«, sagte es zufrieden und bat den Jungen sofort um eine neue Pfeife, damit es sich einen neuen Plan ausdenken konnte. Während das Skelett rauchte, suchte der Junge nach ein paar Wurzeln und Früchten, die er essen konnte, und als er zurückkam, sagte das Skelett: »Hör zu! Bestimmt kommt der Menschenfresser bei Anbruch der Dunkelheit zurück. Es ist nämlich so, dass er ohne zu essen nicht länger als zwei Tage leben kann. Das bedeutet, dass er schon morgen früh tot ist – vorausgesetzt, es gelingt dir, ihm noch einmal zu entkommen!«

Dann erzählte das Skelett dem Jungen von seinem neuen Plan, und der lief sofort los, alles genau so auszuführen.

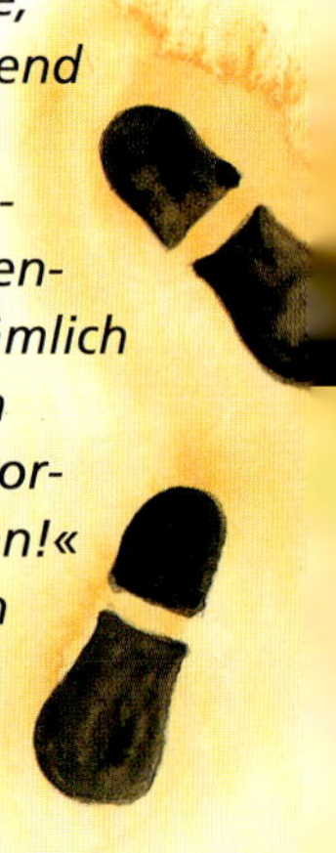

Als es dunkel wurde, hörte der Junge auch schon das Kanu kommen. Vorsichtig spähte er aus dem Loch, das er sich am Strand gegraben und in dem er sich versteckt hatte. Als der Menschenfresser an Land gegangen war und davoneilte, um ihn zu suchen, verließ der Junge das Loch, lief schnell zum Kanu, sprang hinein und sang wie der Menschenfresser am Abend zuvor:

Kommt, ihr Schwäne, nicht länger wir weilen,
es ist an der Zeit, nach Hause zu eilen.
Die Glut ist verloschen, das Band ist gebrochen,
ich hab euch gefangen, mir müsst ihr gehorchen!

Die Schwäne schwammen sofort los, aber der Menschenfresser sah, was passiert war, und sprang ins Wasser, um ihnen nachzuschwimmen. »Halt, halt!«, schrie er dabei immer wieder. Der Junge nahm all seinen Mut zusammen und feuerte die Schwäne immer wieder mit seinem Lied an: »Ich hab euch gefangen, mir müsst ihr gehorchen!« Und als sie weit genug von der Insel weg waren und er sich umsah, konnte er sehen, dass der Menschenfresser aufgegeben hatte und wieder zur Insel zurückgeschwommen war. An Land ließ der Junge die Schwäne in ihre Höhle schwimmen. Er selbst legte sich erschöpft an das Feuer, das der Menschenfresser zurückgelassen hatte, um sich zu wärmen und zu schlafen.
Bei Morgengrauen erwachte er und sah zur Insel hinüber. Jetzt musste der Menschenfresser schon tot sein, wenn alles stimmte, was das Skelett behauptet hatte. Der Junge wusch sich und aß etwas von den Wurzeln, die er noch in der Tasche hatte. Dann pfiff er nach den Schwänen, denn er musste wieder zur Insel hinüberfahren, das hatte er dem Skelett versprochen. Es gab da noch eine Aufgabe für ihn zu erledigen, die sehr wichtig war, aber was, das hatte das Skelett ihm nicht verraten.
Der Junge stieg in das Boot und sang das Lied:

Schwimmt, ihr Schwäne, übers Meer,
zieht mich hinüber und dann wieder her.
Die Glut ist verloschen, das Band ist gebrochen,
ich hab euch gefangen, mir müsst ihr gehorchen!

Sofort schwammen die Schwäne los, und im Nu waren sie vor der Insel. Der Junge fühlte sich gar nicht wohl in seiner Haut, denn vielleicht war ja der Menschenfresser doch noch am Leben. Aber dann sah er ihn reglos am Strand liegen, und er wagte es, an Land zu gehen. Auf Zehenspitzen schlich er zu ihm hin, und als er erkannte, dass er wirklich tot war, sprang er vor Freude in die Luft und rannte jubelnd zum Skelett.
»Ah, ich bin froh, dass du dein Versprechen gehalten hast und zurückgekommen bist!«, begrüßte ihn das Skelett.
»Natürlich, ein Versprechen muss man doch halten!«, sagte der Junge. »Und der Menschenfresser ist tot!«
»Das dachte ich mir!«, sagte das Skelett, und dann bat es den Jungen, wieder eine Pfeife zu stopfen. Der Junge tat es, aber als er sie dem Skelett zwischen die Zähne klemmen wollte, wehrte es ab.
»Diesmal ist die Pfeife nicht für mich, sondern für dich! Und nun pass gut auf: Geh über die ganze Insel, mal hin, mal her, mal hinauf und hinunter, und rauche dabei die Pfeife. Nach jedem vierten Zug aber bleibe stehen, halte die Pfeife gegen die Erde, und sage diesen Zauberspruch auf:

Raucht, ihr Gebeine, raucht, ihr Gebeine!
Liegt nicht mehr wie tot herum!
Tote, ihr sollt kräftig rauchen
und dann meiner Spur nachlaufen!

Aber sieh dich nicht dabei um«, sagte das Skelett, »geh immer nur vorwärts. Und wenn du den ganzen Tabak aufgeraucht hast, komm wieder zu mir. Hast du alles verstanden?«
»Ja«, sagte der Junge, obwohl er ziemlich verwirrt war. Und dann ging er los und tat alles genau so, wie das Skelett gesagt hatte. Manchmal hörte er Geräusche hinter sich, aber er sah sich nicht um und ging immer weiter, rauchte dabei und sagte seinen Zauberspruch auf. So lange, bis die ganze Insel in Rauch eingehüllt war und er keinen Tabak mehr hatte. Dann ging er zum Skelett zurück, aber er fand es nicht mehr. Dafür stand ein schöner junger Krieger dort, der ihn freundlich anlächelte und sagte: »Und nun schau dich mal um!«

Der Junge sah über die Schulter zurück und entdeckte überall Leute. Es waren Krieger, Frauen und Mädchen, Alte und kleine Kinder, und auch seine Schwester war dabei. Sie lachten ihn alle dankbar an und jubelten ihm zu. »Weil du so tapfer warst und den Menschenfresser getötet hast, sind wir alle wieder am Leben«, sagte der junge Krieger. »Dafür danken wir dir.« Dann gingen sie hinunter zum Strand. Die Schwäne waren verschwunden, aber stattdessen lagen da viele, viele Kanus, genug, um sie alle von der Insel wegzubringen. Bevor der Junge in sein Kanu stieg, zündete er auf Geheiß des jungen Kriegers noch mal eine Pfeife an und legte sie neben den Menschenfresser. Dann fuhren sie los, und als sich der Junge eine Weile später umsah, konnte er eine riesige Rauchwolke über der Insel sehen, und immer noch wuchs sie, so lange, bis sie die ganze Insel einhüllte. Da gab es plötzlich einen lauten Knall, und die Insel war im Meer verschwunden – nur die Sonne glitzerte auf den Wellen des Meeres.

Vom Hass aus Liebe

»Im Walde stand ein kleines, einsames Häuschen, in dem eine Mutter mit ihrer Tochter wohnte. Die Alte war ein sehr böses und listiges Weib.«

Alle Mütter lieben ihre Kinder, aber manchmal werden sie aus der Sicht der Kinder auch zu grausamen Furien, die Angst einflößend und verabscheuenswürdig sind. Und ein paar Stunden später singen sie einen wieder zärtlich in den Schlaf. Es gibt nicht nur die gute Mutter, die böse gehört auch dazu, und Kinder müssen die eine lieben und von Zeit zu Zeit die andere hassen dürfen. Damit bewahren sie ihr seelisches Gleichgewicht.

Die böse Stiefmutter im Märchen

Das Vertrauen eines Kindes, sich auf die Mutter verlassen zu können, selbst dann, wenn es sich vorher gegen sie gestellt und mit ihr eine Auseinandersetzung gehabt hat, verleiht ihm emotionale Stärke und Selbstbewusstsein. Es kann sich der Liebe seiner Mutter sicher sein, ohne etwas dafür tun zu müssen.

Das Thema der bösen Stiefmutter, die die liebende, fürsorgliche Mutter ablöst und später für ihr grausames Handeln oft sogar mit dem Tod bestraft wird, ist in Märchen immer wieder zu finden. Natürlich gab es früher, als sich unsere Märchen entwickelten, noch bedeutend mehr Stiefmütter und -väter als heute, denn die Lebenserwartung war geringer, und viele Frauen starben im Kindbett. Dass die böse Stiefmutter jedoch so häufig auftritt, kann damit allein nicht erklärt werden. Gemeint ist mit diesem Thema eine Zweiteilung der Mutterfigur in die Gute, die das Kind lieben kann, und die Böse, die vom Kind gehasst und in den verdienten Tod geschickt werden darf, weil sie ja gar nicht die »richtige« Mutter ist. Über diesen recht einfachen Weg verschafft sich die Kinderseele einen Ausgleich. Das Kind darf ohne schlechtes Gewissen hassen und sich mit Hilfe eines Märchenhelden abreagieren.

Hassen dürfen macht selbstbewusst

Die Neigung, in bestimmten Situationen gerade den Menschen zu hassen, den man am meisten liebt, wird in der Psychologie mit dem Ausdruck »Ambivalenz« bezeichnet. Weil Kinder zum einen vollkommen abhängig von ihren Eltern sind und zum anderen noch nicht gelernt haben, mit solch ambivalenten Gefühlen umzugehen, können diese sie in große Konflikte stürzen.

Das Gefühl, auf Mutter oder Vater wütend zu sein, sie vielleicht sogar wegzuwünschen, ist verbunden mit schlimmsten Schuldgefühlen und der Angst vor göttlicher Strafe und dem Verlust der Eltern. Ein Kind, dem nicht dabei geholfen wird, diese Konflikte zu verarbeiten und zu lernen, damit zu leben und umzugehen, muss seine Wut und die damit verbundenen Schuldgefühle ins Unbewusste verdrängen.

Eine gute Möglichkeit, wie Kinder diese ambivalenten Gefühle angstfrei ausleben können, ist, dass die Eltern sie einfach akzeptieren und ihnen Märchen zu diesem Thema erzählen.

Eltern und Kind sind entzweit

Das folgende Märchen, ein russisches Volksmärchen, zeigt sehr schön auf, wie ein gutes Verhältnis zwischen Kind und Eltern schlecht werden kann, und zwar von beiden Seiten aus.
Das Märchen beschreibt am Anfang eine harmonische Eltern-Kind-Beziehung. Vater und Mutter lieben den Sohn – sie lieben ihn so sehr, dass sie seinem Bedürfnis, sich von ihnen abzulösen, Verständnis entgegenbringen und ihn ziehen lassen, auch wenn ihnen nicht ganz wohl bei dem Gedanken ist, dass der Sohn mit dem Kahn auf den Fluss fährt, um Fische zu fangen. Aber sie spüren, er muss diesen Schritt tun – einerseits, um sein Selbstbewusstsein zu stärken, andererseits will er ihnen etwas Gutes tun und durch ihren Dank Anerkennung finden.
Die Eltern lassen ihn also ziehen, behalten ihn dabei aber im Auge. Sie bringen ihm immer wieder Essen und rufen ihn an Land zurück. Anfangs lässt er sich die fortwährende Kontrolle der Eltern gefallen. Einmal ruft ihn die Mutter, einmal der Vater, und beide Male kommt das Kind prompt. Aber die Idylle wird gestört, und zwar durch eine Hexe. Sie will Iwaschko fangen und dann auffressen, also völlig vereinnahmen. Sie ruft nach ihm, aber er ahnt ihre Absichten und entzieht sich ihr.

Feindselige und eifersüchtige Gefühle spontan und ohne Angst vor Strafe und Liebesverlust äußern zu dürfen, verhilft einem Kind zu einer angstfreien Persönlichkeit. Es ist gleichzeitig die Basis für Konfliktfähigkeit und die Bereitschaft, in einer Auseinandersetzung auch mal nachzugeben, ohne sich ganz aufzugeben.

Das Drama nimmt seinen Lauf

Iwaschko versucht sich wegzustehlen. Als die Hexe ihn dann mit verstellter Stimme lockt und er so doch noch in ihre Fänge gerät, setzt er sich gegen sie zur Wehr, und zwar mit allen Mitteln. Zuerst einmal wirft er die Tochter der Hexe in den Backofen, damit sie statt seiner gefressen wird. Dann flüchtet er sich auf einen hohen Baum, sitzt droben, äfft die Alte nach und reizt sie so lange, bis sie in ihrer Wut den Baum zu fällen versucht.
Auf die reale Familiensituation übertragen: Iwaschko, der unfolgsam war und für irgendetwas geradestehen soll, schiebt seine Schwester vor, verpetzt sie vielleicht und lenkt damit die Aufmerksamkeit der Mutter von sich weg hin zu ihr. Er führt die Mutter also an der Nase herum, und als sie ihm auf die Schliche kommt und ihn bestrafen will, verleitet er sie durch Provokationen zu weiteren Wutausbrüchen.

Ewig folgsame Kinder bleiben in ihrer Persönlichkeitsentwicklung zurück. Ein Kind muss sich von den Forderungen der Eltern abgrenzen dürfen, sonst verliert es den Mut, einen eigenen Lebensentwurf zu wagen. Auch wenn Eltern das ewige »Nein« manchmal nicht mehr hören können.

Das sind Szenen, die fast allen Eltern aus ihrem Familienalltag bekannt sein dürften. In ganz besonders verfahrenen Fällen sehen Eltern und Kind in dieser Situation kaum noch einen Ausweg, und eine Ohrfeige oder andere drastische Strafen können die Folge sein.

Die Lösung im Märchen

Wie kommt es nun zu einer Lösung? Das Märchen hält in dieser fast ausweglosen Situation Helfer bereit – weiße Schwäne.
Vögel sind immer Symbole für die Seele und das schöpferische Prinzip, denn sie können fliegen und somit das Irdische mit dem Himmlischen verbinden. Schwäne insbesondere versinnbildlichen Reinheit und das Mütterliche.
Die Deutung wird klar: Die Mutter besinnt sich auf ihre positiven Gefühle für den Jungen und versucht gütlich einzulenken. Es scheint ihr zwar anfänglich schwer zu fallen, denn nach der ersten und zweiten Bitte des Jungen, nach Hause mitfliegen zu dürfen – »Wildschwäne mein, nehmt mich mit, und tragt mich zu Vater und Mutter heim!« –, vertrösten die Schwäne Iwaschko auf ein nächstes und ein übernächstes Mal. Aber dann nehmen sie ihn doch endlich mit und setzen ihn auf dem Dachboden des Elternhauses ab. Damit ist die Voraussetzung für eine Beendigung des Konfliktes gegeben.

Eine verlässliche Bindung

Doch so schnell wie erhofft geht es dann doch nicht, denn am nächsten Morgen, erzählt uns das Märchen, sitzt der Junge noch immer allein auf dem Dachboden. Damit ist gemeint, dass er noch immer völlig in sich zurückgezogen ist und es nicht schafft, auf die Eltern zuzugehen. Aber auch sie scheinen ihren Groll noch nicht ganz überwunden zu haben, denn sie fragen zwar, wo er wohl sein mag, aber sie teilen das Essen unter sich alleine auf. Erst als das Kind sie daran erinnert, dass es auch noch da ist, werden sie aufmerksam und holen es wieder an den Familientisch zurück. Sie nehmen es endlich an der Hand und zeigen ihm, wie sehr sie es lieben.
Aus der bösen Hexe ist somit wieder die gute Mutter bzw. der gute Vater geworden, und das ursprünglich liebevolle Verhältnis zwischen Kind und Eltern kann neu zum Tragen kommen.

Iwaschko und die böse Hexe

Es war einmal ein kleiner Junge, der hieß Iwaschko, und seine Eltern hatten ihn so lieb wie nichts anderes auf der Welt. Iwaschko wollte Fische fangen und bat die Eltern, ihn ziehen zu lassen, aber die sagten, er sei noch zu klein und würde am Ende ertrinken. »Nein, ich pass schon auf!«, sagte der Junge und bat recht schön, so lange, bis sie ihn gehen ließen.

Er setzte sich in Vaters Kahn und sprach: »Schwimm weit, weit fort, lieber Kahn, schwimm fort!«, und da schwamm er los, und Iwaschko warf die Angel aus.

Nach einiger Zeit kam die Mutter ans Ufer und rief nach ihm: »Söhnchen, mein liebes, komm zurück, hab dir Essen und Trinken hergebracht!«

Iwaschko sagte zum Kahn: »Fahr zum Ufer hinüber, lieb's Mütterlein ruft mich!« Und schon schwamm der Kahn ans Ufer, die Mutter nahm Iwaschkos Fische in Empfang, sorgte, dass er aß und trank, gab ihm auch ein frisches Hemd und ließ ihn wieder ziehen.

Iwaschko sprach zum Kahn: »Schwimm weit, weit fort, lieber Kahn, schwimm fort!«, und da schwamm er gleich los, und Iwaschko warf wieder die Angel aus.

Es dauerte eine Zeit, da kam der Vater ans Ufer. »Iwaschko, mein Söhnchen«, rief er, »komm ans Ufer zurück, hab dir zu Essen und zu Trinken mitgebracht.«

Sagte Iwaschko zum Kahn: »Fahr zum Ufer hinüber, lieb's Väterlein ruft mich!« Und schon setzte sich der Kahn in Bewegung. Am Ufer nahm der Vater dem Jungen die Fische ab, sorgte, dass er aß und trank, und gab ihm auch ein frisches Hemd. Dann ließ er ihn wieder ziehen.

Nun hatte aber eine böse Hexe alles mit angesehen und beschlossen, Iwaschko in ihre Gewalt zu bringen. Also ging sie ans Ufer und rief genau wie die Mutter: »Iwaschko, mein Lieber, komm zurück, hab dir Essen und Trinken hergebracht!« Aber der Junge hörte, dass dieses Krächzen nicht die Stimme seiner Mutter war, und vermutete gleich, dass eine Hexe dahinter steckte. Darum sang er: »Schwimm weit, weit fort, lieber Kahn, nicht die Mutter ist's, die nach mir ruft, sondern eine böse Hexe!«

Die Hexe ärgerte sich, dass der Junge nicht kam, und dachte sich, dass es bestimmt an ihrer Stimme lag. Also lief sie zum Schmied ins Dorf und bat ihn, ihr genauso eine helle Stimme zu schmieden wie die von Iwaschkos Mutter, und als er sich weigerte, drohte sie, ihn aufzufressen. Da schmiedete der Schmied lieber die Stimme und gab sie ihr mit, und damit schlich die Hexe in der Nacht wieder ans Ufer zurück und sang ganz fein: »Söhnchen, mein liebes, komm zurück, hab dir Essen und Trinken hergebracht!«

Diesmal kam Iwaschko ans Ufer. Die Hexe nahm ihm die Fische ab, packte ihn plötzlich und zerrte ihn mit sich fort. In ihrem Haus befahl sie ihrer Tochter Aljonka, den Ofen anzuheizen und Iwaschko zu braten, bis er gar sei. »Inzwischen will ich gehen, meine Freunde zum Essen zu bitten«, sagte sie noch und ließ Iwaschko bei Aljonka zurück.

Als Aljonka den Ofen geheizt hatte, sagte sie zu Iwaschko, er solle sich auf die Schaufel setzen, die sie ihm hinhielt. Iwaschko begriff wohl, dass sie ihn damit in den Ofen schieben wollte, und sagte: »Ich bin noch so klein und verstehe nicht, wie man das macht – du musst mir's erst mal zeigen!«

»Also gut«, sagte Aljonka, »das ist nicht schwer!« Sie setzte sich auf die Schaufel, und ehe sie sich's versah, hatte Iwaschko sie in den Ofen geschoben und schnell die Klappe hinter ihr geschlossen. Dann rannte er hinaus und kletterte schnell auf einen hohen Eichbaum.

Da kam auch schon die Hexe mit den Gästen an. Sie suchte nach Aljonka, und als sie die Tochter nirgends fand, holte sie den Braten selbst aus dem Ofen und tischte ihn auf. Sie aßen lange und schmatzten dabei, und es schien ihnen wirklich gut zu schmecken. Als sie dann alle satt waren, gingen sie vor die Hütte und wälzten sich im Gras. »Ich wälze mich und kugle mich, hab mir Iwaschkos Fleisch schmecken lassen!«, rief die Hexe immer und immer wieder.

Iwaschko, der hoch droben im Eichbaum saß, konnte es nicht lassen und äffte sie nach: »Wälze dich nur und kugle dich, hast dir Aljonkas Fleisch schmecken lassen!«

»Hat da nicht jemand etwas gesagt?« Die Hexe lauschte, aber dann dachte sie, es waren nur die Blätter vom Baum, die

rauschten, und sie rief wieder: »Ich wälze mich und kugle mich, hab mir Iwaschkos Fleisch schmecken lassen!« Und auch Iwaschko wiederholte: »Wälze dich nur und kugle dich, hast dir Aljonkas Fleisch schmecken lassen!«

Da sah die Hexe in den Baum und entdeckte Iwaschko. Sofort stürzte sie sich auf die Eiche und versuchte den Stamm durchzunagen, aber als es fast so weit war, sprang Iwaschko schnell auf den nächsten Baum. Die Hexe wurde ganz rot vor Zorn, stürzte sich auch auf diesen Baum und begann damit, ihn durchzunagen. Doch dabei brach sie sich zwei Zähne aus. Geschwind wie der Wind lief sie zum Schmied und befahl ihm, ihr zwei Eisenzähne zu schmieden, und weil sie ihm drohte, ihn sonst zu fressen, tat er es.

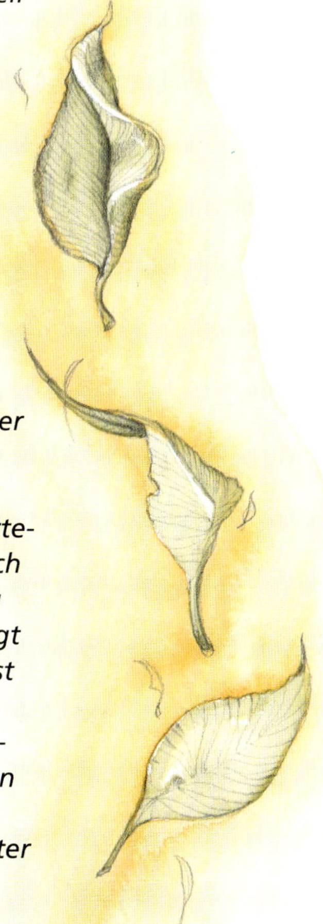

Die Hexe kehrte zum Baum zurück und nagte weiter an seinem Stamm. Jetzt wurde es gefährlich für Iwaschko, weil es sonst keinen Baum mehr gab. Verzweifelt sah er sich nach Hilfe um, und da erblickte er einen Zug Wildschwäne und bat sie:

»Wildschwäne mein, nehmt mich mit und tragt mich zu Vater und Mutter heim! Dort ist es gemütlich und ist es fein, und können wir essen und trinken!«

»Wir nicht, die mittleren mögen dich mitnehmen!«, antworteten die Vögel. Iwaschko seufzte und wartete. Da kam endlich ein anderer Zug von Wildschwänen geflogen, und er rief zu ihnen hinauf: »Wildschwäne mein, nehmt mich mit und tragt mich zu Vater und Mutter heim! Dort ist es gemütlich und ist es fein, und können wir essen und trinken!«

»Wir nicht, die letzten mögen dich mitnehmen!«, antworteten die Vögel. Wieder seufzte Iwaschko und wartete auf den letzten Zug. Da kam er endlich, und er rief zu ihnen hinauf: »Wildschwäne mein, nehmt mich mit, und tragt mich zu Vater und Mutter heim! Dort ist es gemütlich und ist es fein, und können wir essen und trinken!«

Die Wildschwäne ergriffen ihn gerade im allerletzten Moment, bevor der Baum umstürzte, und brachten ihn nach Hause, wo sie ihn auf dem Dachboden absetzten.

Am frühen Morgen backte Iwaschkos Mutter Pfannkuchen und dachte dabei an ihren Sohn. »Wenn ich nur wüsste, wo er ist, oder ihn wenigstens im Traum sehen könnte!«, klagte sie.

Sagte der Vater: »Mir hat geträumt, dass die Wildschwäne ihn zurückgebracht haben.«
Als die Mutter die Pfannkuchen fertig gebacken hatte, setzten sich beide an den Tisch und teilten sie auf: »Einer für dich, einer für mich, einer für dich, einer für mich …«
»Und was bekomme ich?«, fragte Iwaschko auf dem Dachboden.
»Der ist für dich, dieser für mich«, teilte die Mutter weiter.
»Und was ist für mich?«, fragte Iwaschko wieder.
Da schickte die Mutter den Vater nachsehen, was dort auf dem Dachboden war. Er stieg hinauf und fand seinen Sohn. Sie freuten sich alle von ganzem Herzen, dass sie nun wieder beisammen waren, umarmten sich, und die Eltern ließen sich von Iwaschko erzählen, was geschehen war. Von da an lebten sie glücklich und wurden wohlhabende Leute.

Zwei Königskinder auf der Suche nach der guten Mutter

Das zweite Märchen, das dieses Thema sehr eindrücklich behandelt, heißt *Die Königskinder.* Darin geht es anfangs ebenfalls um den verlorenen Kontakt zu den liebevollen Eltern, und die Auseinandersetzung mit den anderen Eltern beginnt.
Es gibt drei Mutterfiguren in diesem Märchen: ein wirklich sehr böses altes Weib (die dunkle Gestalt und böse Mutter) und ihre schöne und gutherzige Tochter (die helle Gestalt und gute Mutter) sowie die eigentliche Mutter, die Königin. Diese ist mit ihrem Mann, dem König, weit weg im Schloss, während sich das Drama der Kinder im Wald, also im Unbewussten abspielt. Man kann hieraus schließen, dass Mutter und Vater den Kontakt zu ihren Kindern verloren haben und die Kinder sich mit ihren ambivalenten Gefühlen allein auseinander setzen müssen. Sehr interessant ist in diesem Zusammenhang, dass die ansonsten guten Eltern nicht in der Lage waren, den Kontakt zu halten. Die Kinder laufen weg in den Wald. Tatsächlich geschieht es auch in der Realität mit all ihren Anforderungen, dass Eltern manchmal nicht die Kraft haben, einen Konflikt geduldig zu beenden. Die Kinder bleiben alleine. Wenn es ihnen dennoch gelingt, die Angelegenheit aus eigener Kraft zu bewältigen, ist dies ein großer Schritt zur Selbstständigkeit.

Die gute und die böse Mutter

Die böse Alte, die für die ungeliebte Seite der Mutter steht, lebt mit ihrer Tochter in einem einsamen Häuschen im Wald. Sie ist über alle Maßen hässlich und erschreckend, stiehlt und bettelt und schlachtet Kinder, um sie aufzufressen, und dank eines Zauberringes, der ihr ewiges Leben schenkt, hat sie sogar Macht über die Tiere im Wald. Eine Gestalt also, die man nur mit Furcht und Abscheu betrachten kann.
Ihre erwachsene Tochter Käthe hingegen ist »ein gar liebreizendes Mädchen«, das oft über die bösen Taten der Mutter weint und den lieben Gott bittet, sie von ihr zu befreien.
An dieser Stelle bezieht sich das Märchen sehr direkt auf die Ambivalenz, denn die negativen Gefühle des Kindes gegenüber der »bösen Mutter« werden ganz offen angesprochen.

Käthe, die Tochter der bösen Alten, spielt eine Doppelrolle. Einerseits verkörpert sie das Kind selbst, das unter der verhassten Mutter leidet, andererseits und hauptsächlich symbolisiert sie aber auch die gute Mutter, die sich um die beiden Königskinder kümmert und sie vor der bösen Alten beschützt.

Der Konflikt

Schuldzuweisungen – Provokation – Wut – negative Aufmerksamkeit: Das ist ein Spiel zwischen Eltern und Kind, das keiner Seite besonders viel Spaß macht, und doch wird es immer wieder gespielt.

Dass sich die beiden Königskinder im Wald verlaufen haben, bedeutet, etwas ist passiert, das die Kinder von den Eltern entfremdet hat. Die Kinder kommen nun zur Hexe und bitten sie um Hilfe. An dieser Stelle steht wörtlich im Text: »Aber die Alte ging gleich sehr böse mit ihnen um, zog ihnen ihre schönen Kleider aus, so dass sie ganz nackend waren ...« Schließlich sperrt sie die Kinder auch noch in einen dunklen Stall, um sie zu mästen und später zu schlachten. So allein gelassen, verzweifeln die Kinder, sie weinen und können vor Kummer nichts essen, und sie träumen, dass sie »daheim wären bei der lieben Mutter und dem Vater und dass sie gar schön spielten«.
Die Situation, die das Märchen hier beschreibt, kennen wir alle aus unserer eigenen Kindheit. Wir haben etwas angestellt – vielleicht ist uns eine gute Vase zu Bruch gegangen –, und plötzlich ist aus der guten Mutter die wütende, böse, unberechenbare geworden. Sie hat uns zur Strafe ausgezogen, ins Bett gesteckt oder unter Arrest gestellt und mit bösen Worten allein gelassen. Da lagen wir dann, einerseits voller Hass, andererseits voller Angst, für immer ausgestoßen zu bleiben, und sehnten uns nach der alten Vertrautheit zwischen uns und ihr zurück.

Gefangen im dunklen Stall

So allein im dunklen Stall und ganz ohne Kleider weinen die Kinder, bis sie darüber einschlafen, aber kaum sind sie erwacht, wird ihnen ihre traurige Lage wieder bewusst, und sie fangen von neuem zu weinen und zu klagen an. Sie sind Gefangene in einem dunklen Verlies, und es gibt scheinbar keine Hoffnung für sie.
Übertragen wir auch dieses Bild auf die reale Welt eines Kindes, das sich mit seinen ambivalenten Gefühlen auseinander zu setzen hat. Es wird von der Mutter bzw. dem Vater zu irgendetwas gezwungen, was es nicht tun möchte, wird »gefangen gehalten« in Schranken, die es nicht durchbrechen kann, weil die Macht der Eltern zu groß ist. Es hasst sie zwar dafür, aber andererseits sehnt es sich doch nach Erlösung aus dieser schrecklichen Lage und wünscht sich ins Paradies seiner heilen Welt zurück.

Wieder in Beziehung treten

Die Kinder scheinen im Haus der bösen Alten verloren. Aber da ist ja noch Käthe, die gute Mutter, und die hat Mitleid mit den beiden. Sie kommt in den dunklen Keller, versucht, Nähe zu den Kindern herzustellen, tröstet sie und macht ihnen Mut. Sie verspricht den Kleinen sogar, sie zu retten, obwohl sie selbst Angst hat vor der bösen Alten. Wie und wann diese Rettung stattfinden wird, weiß sie zwar noch nicht, aber sie ist sicher, es wird ihr zur rechten Zeit etwas Passendes einfallen. Vorerst rät sie den Kindern jedoch, der Alten, wenn sie kommt, um zu prüfen, ob sie zum Schlachten schon fett genug seien, statt des Fingers ein Stöckchen hinzuhalten.

Nicht nur Kinder leiden unter ihren ambivalenten Gefühlen. Oft genug haben auch Erwachsene nicht gelernt, damit umzugehen. Dann kommt es zu Irritationen und Missverständnissen. Und weil Kinder noch keinen Abstand zu sich selbst haben, glauben sie meistens, sie seien »schuld« an der Krise.

Hier geht das Märchen sehr tief. Wir sehen nicht nur, dass die Kinder von den eigenen negativen Gefühlen und denen der Mutter wie gebannt festsitzen und im Moment nicht mehr tun können, als das Stöckchen hinzuhalten, um Zeit zu gewinnen, wir sehen auch, dass die Mutter im Widerstreit mit sich selbst und ihren eigenen ambivalenten Gefühlen steht. »Sie (Käthe) wollte ihnen (den Kindern) gern helfen«, heißt es im Märchen, »allein sie selbst musste sich sehr vor der bösen Mutter fürchten«. Auch Käthe hat, obwohl sie schon eine erwachsene Frau ist, nicht gelernt, mit ihren ambivalenten Gefühlen umzugehen. Somit bleibt sie, trotz ihres an sich freundlichen Wesens, im Bannkreis des Bösen.

Weiter mit dem Märchen: So vergehen einige Tage, in denen die Kinder in ihrer Angst verharren und unfähig sind, etwas zu bewegen. Doch dann »verlieren« sie ihr Stöckchen, und jetzt bleibt ihnen gar nichts anderes mehr übrig, als sich mit ihrer Situation aktiv auseinander zu setzen, denn sie müssen der Alten den Finger hinhalten. Die Hexe ist dann auch zufrieden mit dem Ergebnis des Tests, sie beschließt die Kinder gleich am nächsten Tag zu schlachten und befiehlt Käthe, noch am selben Abend die nötigen Vorbereitungen zu treffen. Aber statt den Mord vorzubereiten, leitet Käthe die Flucht ein.

Die Flucht

Was sich im Märchen bisher als Bild aufgebaut hat, verdichtet sich jetzt noch und eskaliert im Endkampf. Was wir da auf sehr spannende Weise miterleben, ist der Widerstreit zwischen der

hellen und der dunklen Mutter, dem Guten und dem Bösen in uns allen, ist die Ambivalenz der Gefühle, die ein Kind sowohl im Außen erlebt als auch im eigenen Inneren erfährt, und mit der es umgehen lernen muss, wenn es stark werden soll.

Die Alte setzt den Fliehenden mit Riesenschritten nach, so dass man sie bereits verloren glaubt – aber dann passiert etwas Überraschendes. Hier, am Ende des Märchens, taucht plötzlich der Vater auf, den man lange vermisst hat, und greift ein. In Gestalt eines Adlers befreit er Käthe und die Kinder im allerletzten Moment aus den Fängen der Bösen und bringt sie zurück ins Schloss (in den Schoß der Familie), wo sie in Sicherheit sind. Dann entreißt er der Hexe den Ring und damit ihre Zaubermacht und wirft sie in einen See, wo sie von einem Fisch verschlungen wird.

Die gute Mutter hat also die böse besiegt, die Kinder haben zu ihr zurückgefunden und das Abenteuer, in das sie von ihren ambivalenten Gefühlen gerissen wurden, bestanden. Sie haben eine wichtige Erfahrung gemacht: Die guten Eltern sind für mich da, die bösen können überwunden werden, wenn ich den Mut habe zu kämpfen.

Die Macht der Eltern ist so groß, dass es für ein Kind immer schwer ist, in ihrer Welt zu bestehen. Märchen sind für Kinder Mutmacher, bieten Hilfestellung für den nächsten Schritt, der gemacht werden muss, um aus dem »dunklen Tief« wieder ans Licht zu kommen.

Keine Angst vor negativen Gefühlen!

Ein Kind, das nicht lernt, seine ambivalenten Gefühle zu ertragen und damit umzugehen, wird infolgedessen davon unter der akuten Angst leiden, Vater oder Mutter oder beide zu verlieren. Solche Kinder flüchten sich dann oft in ein zwanghaftes Verlangen nach Liebesbeweisen oder aber in ein aggressives Verhalten nach dem Grundsatz »Angriff ist noch immer die beste Verteidigung«.

Hingegen lässt das Vertrauen, sich auf Mutter und Vater verlassen zu können, Kinder selbst dann, wenn sie sich einmal gegen die Eltern gestellt und ihnen im Innersten sogar »den Tod gewünscht« haben, stark werden. Kinder brauchen die Mutter/den Vater, und sie werden sie für ihre Verlässlichkeit noch mehr lieben. Weil sie aber ihre ambivalenten Gefühle ausleben konnten, werden sie in ihrer Liebe nicht mehr so abhängig sein, sondern im Gegenteil stärker und selbstbewusster.

Eine Familientragödie

Man könnte dieses Märchen natürlich auch aus einem ganz anderen, eher gesellschaftskritischen Blickwinkel heraus betrachten. Die »Familientragödie«, die sich hier abspielt, kennt so manche Mutter aus eigener Erfahrung. Sie fühlt sich mit ihrem Kind von Mann und Gesellschaft allein gelassen und kommt nicht mit ihren eigenen ambivalenten Gefühlen zurecht. Mal hasst sie ihr Kind und würde es am liebsten »verschlingen«, also fortgeben oder vernichten, dann liebt sie es wieder oder wird von ihrem schlechten Gewissen dazu gebracht, es mit Süßigkeiten zu überhäufen.

Da sie sich ihre ambivalenten Gefühle aber nicht einzugestehen wagt, weil sie als Kind selbst nicht gelernt hat, damit umzugehen, kann sie sich auch nicht mit ihnen auseinander setzen und eine Lösung für ihr Problem finden. Sie muss sie unterdrücken, und das zieht unter Umständen schwer wiegende Folgen nach sich. In manchen Fällen eskaliert die Situation dann sogar so weit, dass die Mutter ihr Kind tatsächlich »verschlingt«, indem sie es entweder völlig vereinnahmt, schlägt, misshandelt oder sogar tötet, was leider immer wieder geschieht. Oder der Vater bzw. »Vater Staat« greift im letzten Moment noch ein und entreißt ihr das Kind, bevor etwas Schlimmes passiert. Hier stellt sich natürlich die Frage, wo der Vater vorher war, warum er nicht beizeiten seine Pflicht wahrgenommen und sich auf eine liebevolle, fürsorgliche Weise am Familienleben und der Erziehung beteiligt hat.

Stress, Doppelbelastung, Probleme in der Partnerschaft – da genügt als Auslöser oft schon eine Kleinigkeit, und aus der sonst so lieben Mutter wird plötzlich ein machtvolles, bedrohliches Wesen.

Väter im Zwiespalt

Tatsächlich findet die Rolle des Vaters im Märchen noch immer ihre Entsprechung im Alltag von Familien. Obwohl sich Väter zunehmend um ihre Kinder kümmern, sind die alten Denkmuster recht zählebig. Viele Männer möchten ihre Freiheit, sich in Beruf und Freizeit zu verwirklichen, nicht aufgeben. Viele fühlen sich zurückgesetzt, wenn ein Kind kommt, und distanzieren sich gekränkt. Will dann ein Vater wirklich Verantwortung und Alltagspflichten übernehmen, bekommt er häufig Schwierigkeiten, sich beruflich freizumachen.

Märchen konfrontieren also nicht nur Kinder mit ihren Problemen, sondern auch uns Erwachsene.

Die Königskinder

In einem Walde stand ein kleines, einsames Häuschen, in dem eine Mutter mit ihrer Tochter, welche schon ziemlich erwachsen war, wohnte. Die Alte war ein sehr böses und listiges Weib, sie trieb allerlei geheimnisvolle Dinge. Ihr Ansehen erregte bei fremden Menschen, die sie sahen, Schauder und Furcht. Sie war über alle Maßen hässlich. Ihre Augen waren rot wie Feuer, und um den Kopf trug sie stets ein schwarzes Tuch, über welchem die starren grauen Haare niederhingen. Ein schwarzes Mieder mit großen Knöpfen umschloss den vorgebeugten Leib; ein roter Rock stach sehr grell von den nackten dunkelbraunen Beinen und dem schneeweißen Unterkleid ab. Doch das Unheimlichste war noch ein Ring, den sie am Zeigefinger der rechten Hand trug; der war von Gold und mit roten Flammensteinen besetzt, und er glänzte, dass er die Augen blendete. So schlich die böse Alte stets im Walde umher. Sah sie einen Wanderer oder einen Reisewagen, so drängte sie sich den Leuten auf, sagte ihnen wahr und bettelte und stahl dabei. Und fand sie Kinder im Walde, so lockte sie diese in ihr Haus und schlachtete sie.

Dagegen war ihre Tochter ein gar gutherziges Mädchen, das oft im Stillen über die bösen Taten der Mutter bitterlich weinte und den lieben Gott bat, sie doch von der argen Mutter zu befreien. Doch diese hatte, so schien es, das ewige Leben, sie wurde nie krank, und obgleich ihre Glieder alt und steif und ganz abgezehrt waren, so besaß sie doch eine Kraft wie der stärkste Mann.

Dies alles hatte die Alte nur ihrem Zauberring zu verdanken; dies und noch vieles mehr, denn die roten Flammenstrahlen der Ringsteine ließen sogar die Tiere still stehen, sobald sie ihnen damit in die Augen blinkte, und sie konnten erst wieder weiter, sobald die Alte den Ring am Finger drehte.

Einmal des Abends saß sie daheim bei ihrer Tochter und trank einen Becher Hirschkuhmilch, als es an ihr Fensterlein klopfte. Als sie darauf hinaussah, standen zwei bildschöne und köstlich gekleidete Kinderchen draußen und weinten, und das größere, ein Knäblein, sprach: »Ach, wir haben uns verirrt, und nun wird es Nacht, alt Mütterchen. Sei so gut und lass uns diese

Nacht in deinem Häuschen schlafen, morgen wollen wir versuchen, unsere Heimat wieder zu finden.« Die Alte grinste vor teuflischer Freude, machte schnell die Haustüre auf und ließ die Kinderchen ein. Aber sie ging gleich sehr böse mit ihnen um, zog ihnen ihre schönen Kleider aus, so dass sie ganz nackend waren, und steckte sie in einen finstern Stall. Dann nahm sie einen alten Tiegel, goss Milch hinein, setzte ihn vor die Kinder und sprach: »Hier, esst die Milch, dass ihr bald fett werdet, dass ich euch schlachten kann, ihr seid doch nichts nütze auf der Welt, ihr Bälger.«

Ach, wie sehr weinten die armen Kinder! Sie konnten vor Kummer nichts essen; jedoch überfiel sie bald ein Schlaf, der sie ihrem Herzeleid entrückte. Sie träumten, dass sie daheim wären bei der lieben Mutter und dem Vater und dass sie gar schön spielten. Aber wie sie erwachten und ihrer traurigen Lage wieder gewahr wurden, fingen sie von neuem an zu weinen und zu klagen. Endlich hörten sie die Stalltüre aufgehen, es kam jemand, und sie fürchteten sich sehr und meinten, jede Minute geholt und geschlachtet zu werden.

Diesmal kam aber die Tochter, denn die Alte war schon hinaus in den Wald. Dem guten Mädchen taten die lieben Kinder herzlich leid. Sie wollte ihnen gerne helfen, allein sie selbst musste sich sehr vor der bösen Mutter fürchten. Sie fragte liebreich die Kinder: »Wie heißt ihr denn?« Da antwortete das Knäblein schluchzend: »Ich heiße Irmin, und mein Schwesterchen heißt Elmine – wie heißt du denn?« Sie sagte: »Ich heiße Käthe. Aber wer ist denn euer Vater? Wo seid ihr denn her?« Das Knäblein sprach: »Mein Vater trägt einen goldenen Mantel und eine Krone, und unsre Heimat ist so schön, du solltest nur einmal zu uns kommen.« Käthe sprach: »Ich will versuchen, euch zu befreien, aber jetzt gleich kann es nicht geschehen. Seid nur ruhig und geduldig, ich lasse euch nimmermehr schlachten. Esset eure Milch, ich will euch auch Erdbeeren und Brot bringen, seid nur ruhig, liebe Kinderchen. Und solange ich noch keinen Plan zu eurer Rettung gefunden, solange nehmt diese zwei Hölzchen, und wenn die Mutter kommt und

spricht: ›Haltet einmal eure Finger heraus, ich will sehen, ob ihr fett seid‹, so haltet diese Hölzchen hin, dass sie euch noch nicht für fett genug befindet und nicht schlachtet.«
Die Kinderchen fühlten sich getröstet von Käthes Worten, sie hörten auf zu weinen, aßen und tranken und freuten sich schon herzlich, dass sie nach Hause kommen sollten.
Des Abends, wenn die Alte heimkam, ging sie allemal zum Stall und rief den Kindern zu: »Steckt eure Finger heraus«, aber die Kinder hielten ihr Hölzchen hin, die Alte schnitt hinein mit einem scharfen Messer, sprach dann jedes Mal: »Ihr seid noch dürre!« und ging wieder fort. Und am Morgen, wenn die Alte fort war, dann kam die gute Käthe zu den Kindern, brachte ihnen Speise und tröstete sie.
Aber einmal, als die Alte abends zu den Kindern kam, hatten diese ihre Hölzchen verloren und mussten ihre zarten Fingerchen hinausreichen, und die Alte schnitt hinein und schrie voll Freude: »Nun seid ihr fett, morgen schlachte ich euch!«
O welches Herzeleid für die armen Kinder! Am Abend noch musste Käthe Wasser herbeitragen, dass die Kinder nach dem Schlachten damit gebrüht würden. Und die Käthe weinte heimlich und sann und sann, wie sie noch die armen Kinder befreien könnte. In der Nacht schlich sie ganz leise von ihrem Lager, spuckte darauf und sprach mit leiser Stimme:

> *»Liebes, liebes Bette, sprich,*
> *wenn die Mutter ruft, für mich.«*

Dann spuckte sie auf ihre Lade, auf die Treppe und in die Küche und bat allemal, dass sie für sie sprechen sollten. Dann machte sie den Stall auf, ließ die Kinder heraus und entfloh mit ihnen.
Am Morgen rief die Alte: »Käthe, steh gleich auf, und schüre Feuer an!« Und es antwortete: »Ich bin schon auf!« Nach einer Weile, als Käthe nicht kam, rief die Alte wieder: »Käthe, kommst du noch nicht?« Da antwortete es: »Ich sitze schon auf meiner Lade und ziehe Strümpfe an!« Aber es verging wieder eine Weile, und Käthe kam nicht, und die Alte rief: »Käthe, wo bleibst du denn?« Da tönte es: »Ich bin schon auf der Treppe!« Die Alte schlief wieder ein, und als sie endlich

abermals erwachte und draußen alles ganz ruhig war, schrie sie zornig: »Käthe, faule Strunze, wo bleibst du denn?« Da sprach es: »Ich bin ja in der Küche.« Aber die Alte hörte nicht das geringste Geräusch, da fuhr sie endlich vom Lager auf und wollte Käthe tüchtig ausschelten. Aber siehe da, keine Käthe war zu finden, und auch die Kinder waren fort. Nun war die Alte außer sich vor Wut und schritt flugs von dannen, um ihre Tochter und die Kinder zu suchen und fürchterliche Rache zu nehmen.

Dank ihres Zauberrings hatte sie sogleich die Spur der Flüchtlinge entdeckt und machte so hastige Schritte, dass sie gar bald die drei in einiger Entfernung gewahrte. Auch die Kinder hatten sich umgesehen und das alte böse Weib, das mit Riesenschritten herbeikam, voll Schrecken bemerkt. Da saß ein gar großer schwarzer Adler am Weg, zu dem riefen die Kinder voller Angst:

»O lieber Adler, trag uns geschwind
hin, wo unsre guten Eltern sind.«

Und der Vogel machte seine Flügel breit, trug pfeilschnell die kleinen Flüchtlinge samt Käthe durch die Lüfte und setzte sie vor einem herrlichen Schloss nieder. Da kam ein Mann, angetan mit einem goldgestickten Mantel, und auf dem Haupte trug er eine Krone. Mit ihm kam eine schöne Frau heraus, die begrüßten und empfingen in der größten Freude ihre lieben Kinder, welche vor einiger Zeit verloren worden waren. Und die gute Käthe durfte für alle Zeit bei den Kindern bleiben.

Aber der Adler war wieder hinweggeflogen, und als er den Fingerreif mit den roten Flammensteinen am Finger der nacheilenden Alten erschaut hatte, war er gierig auf sie niedergestoßen, hatte sie mit seinen Krallen emporgerissen und dann so lange an ihren Finger gepickt, bis er den Ring in seinem Schnabel hatte, dann ließ er die Zeter schreiende Alte los. Diese stürzte vor dem schönen Schloss nieder – aber in einen Teich, und in demselben Augenblick schnalzte ein mächtiger Fisch empor und verschlang sie ganz und gar.

Leben und Sterben

»Schließlich kam er in ein Land, wo niemand wusste, was Sterben heißt. Nur ab und zu kommt einer und ruft, und wer ihm folgt, kehrt nie mehr zurück.«

Wie die Geburt gehört auch der Tod selbstverständlich zum Leben. Es gibt überhaupt keinen Grund, Kindern zu verheimlichen, dass jemand »abberufen« wurde. Im Gegenteil, wenn sie über diesen im Grunde unbegreiflichen und unheimlichen Vorgang sprechen und ihre Neugier und Angst ausdrücken dürfen, kommen sie gut damit zurecht.

Kinder begegnen dem Tod

Irgendwann wird jedes Kind mit dem Tod konfrontiert. Der Tod gehört zum Leben, deshalb dürfen wir ihn nicht tabuisieren. Wenn ein Kind bemerkt, dass Erwachsene mit ihren eigenen Ängsten nicht umgehen können und das Thema vermeiden, wird es verunsichert.

Es ist wichtig, Kinder in Trauerfällen nicht auszuschließen und ihnen Gelegenheit zu geben, sich mit dem Tod auseinander zu setzen. Märchen können ein Gespräch darüber einleiten, denn sie vermögen wichtige Fragen sowohl aufzuwerfen als auch zu beantworten. Da Märchen in Symbolen sprechen und ein Zuhörer es selbst in der Hand hat, ob und mit welchen Figuren er sich identifizieren will, wird ein Kind, das Märchen vom Tod hört, auch nie von diesem Thema überfordert.

Nur wenige Themen werden in unserer Gesellschaft so tabuisiert wie der Tod. Man spricht nicht über ihn, und vor allem nicht mit und vor Kindern. Dabei gehen gerade Kinder mit dem Thema Tod recht natürlich um, denn sie sind aus sich heraus davon überzeugt, dass es auch nach dem Tod etwas geben muss, und zwar etwas Schönes. Es kommt sogar vor, dass Kinder durch ihre klare und einfache Sichtweise trauernden Erwachsenen Trost spenden können. So sagte die siebenjährige Erika zu ihrer Mutter, deren Bruder gestorben war: »Sei nicht traurig – wenn wir auch fertig gelebt haben, sehen wir Onkel Klaus bei Gott wieder.«

Was die kleine Erika damit ausdrücken wollte, ist ein Wissen, das uns auch viele Märchen, die sich mit dem Tod beschäftigen, vermitteln: Wir alle haben ein Lebenslicht. Das eine verlischt früher, das andere später. Und das ist die unumstößliche Wirklichkeit, an der wir nichts ändern können.

Die Situation entkrampfen

Wenn ein lieber Mensch gestorben ist, lebt er in der Familie oder im Freundeskreis weiter. Gespräche über ihn sind deshalb selbstverständlich und tragen dazu bei, wieder Normalität einkehren zu lassen. Die hilft auch kleineren Kindern, die glauben, der Tod sei nur ein vorübergehender Zustand und der Verstorbene komme irgendwann wieder. Sagen Sie ihnen einfach die Wahrheit, sprechen Sie von dem Toten, und sie werden begreifen, was es mit dem Sterben auf sich hat.

Deshalb ist Trauern so wichtig

Es gibt immer wieder Fälle, in denen Menschen ihre Trauer um eine geliebte Person nie abschließen konnten, weil man sie als Kind nicht an deren Beerdigung teilhaben ließ. Fast ausnahmslos hatten diese Menschen dann als Erwachsene eine neurotische Angst vor dem Tod.
Ihre Erinnerungen ähneln einander meist. So kann diese Geschichte einer 33-jährigen Frau, die seit ihrem sechsten Lebensjahr an Alpträumen leidet und deren Leben von ihrer Angst vor dem Tod bestimmt ist, für viele stehen.

Um das Abschiednehmen verkraften zu können, muss ein Kind trauern dürfen. Zur Trauer gehören auch ambivalente Gefühle. Damit Kinder und Erwachsene damit zurechtkommen, gibt es Rituale, die das Loslassen erleichtern.

Kinder müssen sich verabschieden dürfen

»Dann starb mein Opa, den ich sehr liebte. Alle waren ganz leise. Manche weinten, andere rannten geschäftig hin und her. Wenn ich fragte, was passiert ist, sagten sie entweder ›Nichts‹ oder schickten mich fort. Schließlich brachte mich meine Mutter zu einer Tante, wo ich bleiben musste. Als ich ein paar Tage später wieder nach Hause kam, fragte ich, wo Opa sei. ›Im Himmel‹, sagten sie. Und wenn ich mehr wissen wollte, ›das verstehst du noch nicht, dazu bist du noch zu klein‹.
An Weihnachten gingen wir in die Kirche und anschließend auf den Friedhof. Ich sah ein Bild von meinem Opa auf dem Grabstein. Zu Hause erzählte mir dann mein älterer Bruder, der Opa läge unter diesem Stein in der Erde. Ich stellte mir das vor. Es war so kalt gewesen auf dem Kirchhof und so einsam – und dort lag er unter der Erde? Ich wusste ja nicht, dass er tot war und dass ein toter Mensch nichts mehr fühlt. Ich dachte, sie hätten ihn lebendig vergraben. Da musste ich schrecklich weinen und war gar nicht mehr zu trösten.
Mein Bruder bekam eine Ohrfeige, weil er mir das gesagt hatte, und danach sprach nie wieder jemand davon. Ich träume noch heute von meinem Opa unter der Erde, und ich habe schreckliche Angst vor dem Tod.«
In einem anderen Fall ließ man einen jetzt 24-jährigen Mann, der gerade sieben Jahre alt war, als seine Mutter starb, nicht mit zur Beerdigung gehen, obwohl er das unbedingt wollte.
»Ich wollte wissen, wo sie meine Mutter hinbringen, und ich wollte dabei sein. Für mich wäre das wichtig gewesen, damit

sie nicht einfach fort ist, sondern ich irgendwie eine Vorstellung von ihrem Fortsein haben konnte«, sagte er, und er fügte hinzu: »Ich habe ihnen (damit meinte er Vater, Großeltern und ältere Schwester) das nie verziehen!«

Der Tod gehört zum Leben

Jedes Kind wird irgendwie einmal mit dem Tod konfrontiert. Vielleicht stirbt ein Familienangehöriger oder der Angehörige eines Nachbarn oder Freundes. Ein anderes Kind stirbt, ein Lehrer, der freundliche Dorfbäcker, von dem man immer ein Plätzchen bekommen hatte usw. Der Tod gehört zum Leben, und darum können und dürfen wir ihn nicht tabuisieren.

Dass das Thema oft auch für junge und an sich aufgeschlossene Eltern ein heikles ist, mag damit zu tun haben, dass sie selbst als Kind zum Thema Tod kein offenes Wort erfahren haben. Unbewusst geben wir weiter, was wir bekommen haben. Und oft tragen wir diffuse Ängste mit uns herum, deren Ursprung im Verborgenen liegt.

Weil sich ein Kind in seinem tiefsten Inneren oft die Schuld für den Tod eines anderen Menschen gibt, ist es von größter Wichtigkeit, es mit seinen Gedanken nicht allein zu lassen. Geben Sie ihm die Möglichkeit, über seine Vorstellungen vom Tod zu sprechen, und führen Sie es mit Erklärungen wieder an die Realität heran.

Wenn Todeswünsche in Erfüllung gehen

Es gehört zur Kindheit eines Menschen, dass er sich irgendwann in irgendeiner Situation außer sich vor Wut wünscht, Mutter oder Vater, Opa oder ein Freund seien zur Strafe, dass sie dies oder jenes getan oder nicht getan haben, tot. Das Unterbewusstsein kann nicht zwischen Vorstellung und Tat unterscheiden. Darum ist der bloße Wunsch für das Kind im Unterbewusstsein bereits mit der Tat gekoppelt. In den allermeisten Fällen endet das für das Kind damit, dass es ein schlechtes Gewissen hat und die Tatsache, diesen »unerlaubten, ungeheuerlichen« Gedanken gehegt zu haben, verdrängt. Wenn aber nachfolgend ein Totgewünschter z. B. durch einen Unfall tatsächlich stirbt, wird das Kind die Schuld höchstwahrscheinlich bei sich suchen. »Ich habe das bewirkt, weil ich es wünschte!« Oder: »Ich war böse, deshalb hat uns der Vati jetzt verlassen!«

Über solche Gedanken könnte das Kind schweigen, und andere ahnen davon nichts. Schwere psychische Qualen, deren Auswirkungen sich bis weit ins Erwachsenenalter hinein fortsetzen, könnten im schlimmsten Fall die Folge sein.

Wenn Vater oder Mutter sterben

Selbstverständlich ist es ein Unterschied, ob »nur« der Dorfbäcker stirbt oder ein Elternteil, Geschwister oder ein enger Freund. Im ersten Falle wird das Kind sich mit dem Tod an sich beschäftigen. Solche Fragen wie: »Wo geht er hin? Was macht er dort? Sehen wir ihn einmal wieder?« werden im Vordergrund stehen. Stirbt aber ein Elternteil, ist der Tod mit einem Verlust verbunden, der für das Kind so traumatisch ist, dass es daran zerbrechen kann, wenn es von den Erwachsenen keine Unterstützung erfährt.
Ein Kind zu begleiten, dem ein Elternteil gestorben ist, ist natürlich nicht einfach. Vor allem für den hinterbliebenen Partner nicht, der vielleicht mit seiner eigenen Trauer schon genügend zu tun hat. Diesem Problem aber aus dem Weg zu gehen, indem man es einfach negiert und vergisst, dass das Kind auch ein Recht auf Beistand hat, fügt dem Kind in der Regel nachhaltigen Schaden zu.

Für Kinder gibt es spezielle Trauerseminare, wo sie mit Hilfe von Zeichnungen oder dem Aufschreiben von Erinnerungen ihre Ängste und Konflikte ausdrücken können. Hier werden auch Texte, wie z. B. Märchen zum Thema, gelesen und mit Therapeutinnen besprochen.

Abschied nehmen von Sterbenden?

Ich habe immer wieder gehört, dass Eltern ihre Kinder nicht zu Sterbenden ins Krankenhaus mitnehmen wollten, um sie nicht »unnötig zu belasten«. Aber auch für Kinder, egal wie klein sie sind, ist das Abschiednehmen von größter Wichtigkeit. Der Trost, den der Sterbende selbst dem Kind geben kann, indem er ihm erklärt, wohin er geht und warum er geht, und indem er dem Kind versichert, dass er es über alle Maßen liebt, ist unermesslich viel mehr wert als alles, was andere dem später noch hinzufügen können. Dabei ist es nicht unbedingt nötig, dass das Kind den allerletzten Moment, das Sterben selbst, miterleben kann. Es geht darum, dass Abschied genommen und damit das Kind weitgehend entlastet wurde.
Wovor allerdings gewarnt werden soll, sind Aufträge wie: »Wenn ich nicht mehr da bin, bist du der Mann im Haus, mein Sohn, pass auf deine Mutter auf!«
Das Kind wird durch dieses Ansinnen völlig überfordert. Es hat ein Recht, von der Mutter angeleitet zu werden, und gehört nicht neben sie. Neben die Mutter gehört der Vater oder ein anderer erwachsener Lebenspartner. Wenn verwitwete Mütter ihre Söhne oder verwitwete Väter ihre Töchter zum Lebens-

partner machen, schaden sie ihnen auf vielfache Weise, und die Auswirkungen können das ganze weitere Leben negativ beeinflussen.

Wut und Hass beim Trauern

Der Tod eines Elternteils ist eine Katastrophe für das Kind, die einem Weltuntergang gleichkommt. Gefühle wie Trauer, Verlorenheit, Sehnsucht werden von Gefühlen wie Wut und vehementester Ablehnung abgelöst. Diese Wut darüber, verlassen worden zu sein, ist ein natürlicher Teil des Trauerprozesses. Auch wenn sich das Kind unter Umständen sogar selbst die Schuld am »Weggehen« des Verstorbenen gibt, ist es doch wütend auf ihn, weil er nun nicht mehr für es sorgt und es allein lässt.

Die Phasen, die ein Mensch nach dem Tod einer nahe stehenden Person durchläuft, sind etwa so einzuteilen:

Die Phase des Erstarrens

Man will den Tod des geliebten Menschen nicht wahrhaben. Das kann einige Stunden oder mehrere Tage andauern. Viele reagieren mit totaler Selbstbeherrschung, andere sprechen mit dem Verstorbenen.

Das Auf und Ab der Gefühle

Noch einen Brief oder ein Abschiedsgeschenk in den Sarg zu legen hilft Kindern oft, Distanz zu dem Verstorbenen zu finden. Sie können begreifen, dass sich ihre Wege trennen, sie können damit »Auf Wiedersehen« sagen.

Es stellen sich abwechselnd Trauer, Depression, Ohnmacht, Wut auf den Verstorbenen, Wut auf andere ein, und man sucht nach »Schuldigen«, wobei ein Kind dazu tendiert, die Schuld bei sich selbst zu suchen. Es hat Träume vom Verstorbenen und spricht mit ihm. Diese Phase kann Monate, schlimmstenfalls sogar Jahre dauern. Kinder, die ihre Trauer offen ausleben dürfen und dabei unterstützt werden, können diese Phase meist früher abschließen.

Die Phase des Loslassens und Sich-Trennens

Der Verstorbene wird zu einer Art innerem Begleiter, nimmt in seiner Vorstellung z.B. den Platz eines Schutzengels ein. Das Kind kann sich nun nach und nach wieder den äußeren Dingen des Lebens zuwenden. Es beginnt wieder Kontakte zu knüpfen und nimmt die eigenen Bedürfnisse wahr.

Wenn ein Kind trauert

★ Das Kind sollte die Möglichkeit bekommen, immer wieder über seine Gedanken und seine Trauer reden oder sie auf andere Weise von innen nach außen kehren zu können, z. B. durch Märchenerzählen, Malen, Spielen.

★ Hören Sie dem Kind aufmerksam zu. Nur so können Sie etwas über seine innersten Nöte erfahren. Ob es sich z. B. schuldig fühlt am Tod des geliebten Menschen, ob es Angst hat, was es gerade braucht, um den Verlust verwinden zu können.

★ Keine »gnädigen« Lügen wie: »Irgendwann kommt der Papi vielleicht wieder« oder: »Die Mami muss dem lieben Gott im Himmel helfen, auf die Engel aufzupassen«. Im ersten Fall würde das Kind sich völlig in diese Hoffnung verrennen und müsste früher oder später den Betrug erkennen. Sein Vertrauen zu den Erwachsenen wäre dann für immer getrübt. Im zweiten Fall hätte das Kind den Eindruck, die Mutter hätte es verlassen, weil etwas anderes für sie wichtiger war, oder gar, um das Kind zu bestrafen, weil es »böse« war, und es würde auf den lieben Gott einen ewig währenden Groll hegen.

★ Nehmen Sie die Wünsche des Kindes ernst. Wenn es an der Beerdigung teilnehmen will, soll es das dürfen, wenn nicht, sollte es nicht dazu gezwungen werden. Wenn es den Toten auf dem Friedhof »besuchen« oder sein Lieblingsspielzeug aufs Grab legen will, erlauben Sie es – Rituale sind wichtig, auch für Kinder!

★ Kinder brauchen einen Ort, an dem sie den Verstorbenen »besuchen« können. Diesen Ort gibt es nicht, wenn die Asche von kremierten Menschen verstreut wird, aber Sie können ihn zusammen mit dem Kind schaffen: ein bestimmter Baum, den der Verstorbene besonders geliebt hat, ein anderer Platz oder auch ein selbst errichtetes »Marterl«.

★ Haben Sie Verständnis, wenn das Kind dem Toten oder auch den Familienmitgliedern gegenüber vermeintlich negative Gefühle wie Wut und Hass empfindet und ausdrückt. Es fühlt sich zutiefst verunsichert, enttäuscht und verlassen. Diese Gefühle gehören zum Trauerprozess, und nur wenn sie zugelassen werden, kann das Loslassen folgen.

Auch wenn sie die Details noch nicht ganz verstehen, können Kinder mit dem biologischen Vorgang des Sterbens durchaus etwas anfangen, z. B. durch die Erfahrung, dass ein Haustier stirbt.

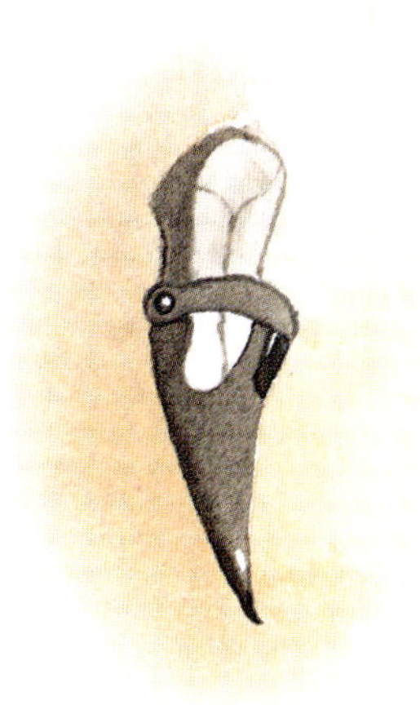

Der Tod im Märchen

Immer haben Menschen Mythen und Legenden gebraucht, um sich und ihren Kindern den Tod begreiflich machen und ihn verkraften zu können. Als handelnde Person wird er konkret fassbar, und seine Motive werden nachvollziehbar. Er wird »lebendig«.

Der Tod im Märchen hat viele Gesichter. Der (Glas-)Berg kann ein Symbol des Todeszustandes sein, die Höhle unter der Erde, der Regenbogen als Brücke zum Himmel, ein Brunnen, eine Insel oder ein Land weitab von allem Leben. Der Tod selbst zeigt sich als Sensenmann, als Menschen fressende Alte, als Unterweltsgöttin, als Engel, schwarzer Vogel oder weißes Pferd oder als Schatten. Aber meist tritt der Tod in Märchen unseres Kulturkreises den Menschen in Gestalt eines schwarz gekleideten Mannes gegenüber.
Oft wird mit dem Tod verhandelt, manchmal wird er überlistet, aber immer wieder erscheint er auch als Helfer, Lehrer oder Freund (wie z.B. im Märchen *Der Königssohn und der Tod)*. Der Tod wird Pate, wo keiner diese Aufgabe übernehmen will, und bringt seinem Schützling Reichtum und Ruhm (*Der Weber und der Tod*), er erlöst Menschen von ihren Qualen oder spielt sogar mit Kindern *(Der Tod und das kleine Mädchen*).
Im Märchen wird der Tod nicht als endgültiger Zustand betrachtet, sondern als Phase des Übergangs in ein anderes Dasein. Denn das Leben der Menschen unterliegt im Märchen, genauso wie die gesamte Natur, dem ewigen Kreislauf von Werden und Vergehen.

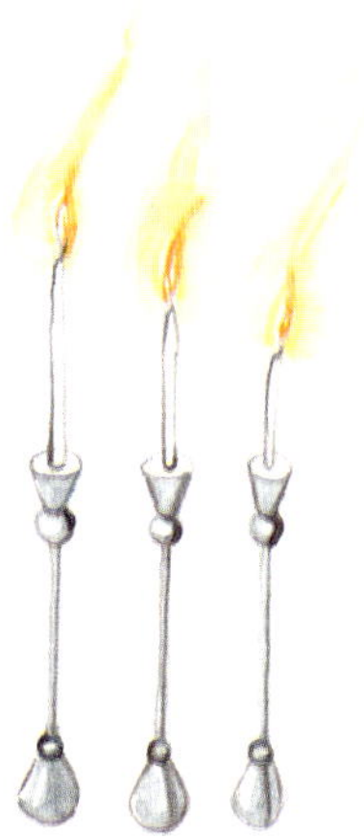

Der Traum vom ewigen Leben

Es ist ein allzu menschliches Bedürfnis, den Tod zu überwinden und somit das ewige Leben zu erlangen. Unzählige Märchen und Mythen, egal aus welchem Land oder Erdteil, greifen dieses Thema auf. Manchmal gelingt es gewitzten Märchenhelden, zumindest einen Aufschub herauszuschlagen, meist aber ist die Botschaft des Märchens: »Gib dich drein, dem Tod kann niemand entrinnen.«
Das erste Märchen, das ich ausgesucht habe, ist ein rumänisches Volksmärchen. Es behandelt einerseits den uralten Wunsch, ewig zu leben, und beschäftigt sich andererseits auch mit dem Festhalten von Sterbenden.
Die Geschichte: Ein Mann wird plötzlich reich. Endlich ist da Geld und Gut, und jetzt möchte man meinen, muss er doch glücklich sein. Aber nein! Mit seinem Reichtum kommt auch

die Angst in ihm auf, alles wieder zu verlieren – spätestens dann, wenn ihn der Tod ereilt und er diese Welt verlassen muss. Also macht er sich auf, ein Land zu finden, wo die Leute nicht sterben. Er sucht lange vergeblich, aber dann kommt er in eine Gegend, wo die Menschen nicht wissen, was Sterben ist. Erstaunt und erfreut zugleich hakt er nach und erfährt, dass es da eine Stimme gibt, die plötzlich nach dem einen oder anderen ruft, und wenn die Leute dieser Stimme folgen, gehen sie fort und kommen nie mehr zurück.

Der Mann ahnt, dass dies der Tod sein muss, und kann sich gar nicht genug über die Dummheit der Leute wundern. Die Lösung, so scheint ihm, ist doch ganz einfach: Folge der Stimme nicht, und du wirst ewig leben!

Dieser Gedanke mag auch ein Kind beschäftigen, zumal doch der Pfarrer vielleicht bei der Beerdigung von der Oma gesagt hat: Sie ist von uns gegangen. »Warum ist die Oma denn von uns gegangen, und wohin? Und warum ist sie nicht einfach bei uns geblieben, wo wir sie doch so gerne haben?«, wird das Kind eventuell wissen wollen.

»Jemand ist von uns gegangen«, heißt es, »in eine andere Welt«. Auch wenn diese unter der Erde liegt, heißt das nicht gezwungenermaßen, dass es eine schlechte Welt ist und mit Qualen verbunden, so wie die christliche Hölle. Diese Welt ist eben anderswo, und für den einen mag sie eine Erlösung bedeuten, für den anderen – wie unseren Märchenhelden, der sich nicht von seinen irdischen Gütern trennen will – eine Qual.

Wir hoffen, dass die andere Welt eine bessere ist. Die »Anderswelt«, nannten die Kelten sie, die »Unterwelt« war es bei den Griechen, die »Welt der Ahnen« ist es bei vielen Naturvölkern. Manchmal liegt diese Welt irgendwo im All, manchmal auch unter der Erde.

Wen er ruft, der muss ihm folgen

Auch die Menschen in unserem Märchen wissen nicht, wohin die gehen, die der Stimme folgen. Sie gehen eben, und die Menschen akzeptieren es. Die Stimme ruft, und du folgst, so war das immer, und so wird es immer bleiben! Erst mit dem Auftauchen unseres reichen Mannes, der geradezu besessen ist von dem Wunsch, ewig zu leben, und naiv wie ein Kind an dieser Hoffnung festhält, wird das Unumstößliche infrage gestellt.

Die Antwort, die das Märchen bereithält, lautet: Egal, was immer du auch versuchst, es wird dir nicht gelingen, der Stimme zu entkommen. Wenn du gerufen wirst, musst du gehen!

Kinder trauern in Phasen. Einmal sind sie betrübt, ein anderes Mal ihren Freunden gegenüber aggressiv, dann wieder gleichgültig und abweisend. Gespräche darüber, wie sich das Kind fühlt, helfen Klarheit zu schaffen.

Nun mag ein Erwachsener Angst haben, ein Kind mit dieser unumstößlichen Tatsache zu beunruhigen, und natürlich trifft das auch zu. Der Tod hat seine Schrecken für uns Menschen, egal ob wir Kind oder erwachsen sind – aber sie verlieren sich auch nicht einfach, wenn wir ihn einfach tabuisieren.
Man kann aus diesem Satz, »Wenn du gerufen wirst, musst du gehen« aber auch eine ganz andere Botschaft heraushören, und die ist für ein Kind die wesentliche, denn es wird durch sie entlastet: »Deine Oma musste gehen, weil es eine stärkere Macht gibt als unsere, und nicht, weil sie uns nicht mehr mag oder weil du vielleicht ›böse‹ warst!«

Vom Festhalten

Das zweite Problem, das in unserem Märchen thematisiert wird, ist das Festhalten. Zum einen zeigt es sich in der Tatsache, dass der Märchenheld ewig leben will. Viel direkter und bildhafter aber noch zeigt es sich in der Mitte des Märchens, wo »die Stimme« nach seiner Frau ruft und diese, trotz aller Versprechen, niemals jemandem zu folgen, der nach ihr ruft, sofort losläuft. Der reiche Mann hält sie am Arm fest, sperrt sie ein, überwältigt sie, als sie um sich schlägt, am Schluss hält er die Fliehende noch an der Jacke fest, aber da schlüpft sie aus den Ärmeln und ist endlich von ihm los.

Der Schluss des Märchens

Während die Menschen am Anfang des Märchens offensichtlich keine Probleme mit dem Sterben hatten – sie sind ja einfach gegangen, haben sich ohne Kampf und ohne Angst in das Unvermeidliche dreingegeben –, müssen sie jetzt, nach den Ereignissen, die der reiche Mann heraufbeschworen hat, sterben wie alle Menschen auf der Welt. Das Leid, das Abschiednehmen, die Angst und das Nicht-loslassen-Können sind jetzt auch ihnen, die vorher nicht wussten, was Sterben heißt, bekannt. Die Leute in diesem Land waren wie lauter unbedarfte, glückselige Kinder im Paradies. Sie haben nichts hinterfragt und nichts gewusst. Weil sie aber vom Baum der Erkenntnis gegessen haben, sind sie erwachsen geworden. Ein Weg, der eine Herausforderung und nicht einfach ist, der aber zum Menschsein gehört.

Die Stimme des Todes

Es war einmal ein Mann, der betete jeden Tag zum lieben Gott, damit der ihm viele Reichtümer geben sollte. Eines Tages hatte unser Herrgott ein Nachsehen und erhörte ihn. Als der Mann aber endlich reich war, wünschte er sich nichts sehnlicher, als niemals sterben zu müssen, denn er war zu geizig, um seine Schätze auf der Welt zurückzulassen. Darum beschloss er, so lange von Ort zu Ort zu ziehen, bis er ein Land gefunden hat, in dem die Leute nicht sterben müssen. Er erzählte seiner Frau von seinem Plan, packte ein, was er nötig hatte, und brach auf.

Wo immer er hinkam, fragte er, ob die Leute dort auch sterben müssen. Und immer sagten sie ja, und sofort zog er weiter. Bis er schließlich in ein Land kam, wo niemand wusste, was Sterben heißt.

»Ja, aber wenn nie jemand stirbt, dann gibt es doch bestimmt unendlich viele Menschen bei euch?«, fragte er aufgeregt nach.

»Nein«, sagte man ihm, »denn ab und zu kommt einer und ruft, und wer ihm folgt, der kehrt nie mehr zurück.«

»Ah«, sagte der Mann und kratzte sich nachdenklich am Kopf. »Und sehen die Leute den, der sie da ruft?«

»Wieso sollten sie ihn denn nicht sehen?«, antwortete man ihm erstaunt.

Der Mann schüttelte den Kopf und konnte sich nicht genug über die Leute und ihre Dummheit wundern. Warum folgten sie dem, der sie ruft, wenn sie doch wussten, dass sie dort bleiben mussten, wo er sie hinbrachte?

Am nächsten Tag kehrte der Mann nach Hause zurück, holte seine Frau und die Kinder und sein ganzes Geld und Gut und brachte sie in das Land, wo man nicht sterben musste, wo nur ab und zu jemand rief, damit man ihm irgendwohin folgte.

Nachdem sie ihr neues Haus bezogen hatten und alle Angelegenheiten in Ordnung gebracht waren, sprach er mit seiner Familie über diese Sache und legte ihnen dringend ans Herz, niemals und unter gar keinen Umständen irgendjemandem zu folgen, der nach ihnen rief. Sie versprachen es und schworen es hoch und heilig, und von da an lebten sie alle gut und ohne Sorgen und brachten so einige Jahre zu ihrer Zufriedenheit zu.

Eines Tages saßen sie alle vergnügt um ihren Tisch herum. Da rief die Frau plötzlich: »Ich komme schon! Ich komme schon!«, sprang auf und suchte ihre Pelzjacke. Der Mann erschrak und griff nach ihrer Hand, um sie festzuhalten, und schimpfte mit ihr: »So befolgst du also meinen Rat? Geh nicht, sage ich dir, oder du stirbst!«

Die Frau sah ihn ganz fremd an. »Aber hörst du denn nicht, wie er mich ruft? Ich gehe nur, um zu sehen, was er von mir will, und komme sofort wieder zurück!« Sie schlug um sich und versuchte sich von ihrem Mann loszumachen.

Der Mann gab nicht nach und hielt sie mit aller Gewalt fest, den Kindern befahl er, Türen und Fenster zu verschließen. Als die Frau dessen gewahr wurde, war sie plötzlich ganz ruhig und sagte: »Lass nur, lieber Mann, ich bin zur Vernunft gekommen und will nicht mehr gehen.«

Da ließ der Mann sie los, weil er glaubte, sie sei klug geworden, aber kaum war sie frei, stürzte die Frau auf die nächste Tür zu, öffnete sie und lief davon. Der Mann, immer hinter ihr her, hielt sie an der Jacke fest und rief eins ums andere, sie solle doch bleiben, denn wenn sie der Stimme folgte, würde sie nie zurückkehren. Doch die Frau hörte nicht auf ihn. Sie warf plötzlich die Arme zurück, so dass sie aus der Pelzjacke glitt, die der Mann verdutzt in den Händen behielt. Da konnte er nichts mehr tun als ihr nachsehen, wie sie forteilte und dabei immerzu rief: »Ich komme schon! Ich komme schon!«

»Wenn du unbedingt Lust hast zu sterben, so gehe in Gottes Namen!«, sagte er vor sich hin. »Ich habe dich immer davor gewarnt, jemandem zu folgen, wenn er dich ruft.«

Wieder vergingen einige Jahre, ohne dass der Friede in seinem Hause gestört wurde. Aber einmal, als er sich beim Barbier den Bart schaben ließ und der Laden gerade voller Leute war, da begann er plötzlich ganz laut zu rufen: »Ich komme nicht, hörst du, ich komme nicht!« Alle waren ganz starr vor Schreck, als er die Fäuste erhob, zur Tür sich wand und schrie: »Und merk dir's bis in alle Ewigkeit, dass ich nicht komme! Fort mit dir, fort!« Eine Weile später fing er von neuem an zu schreien: »Nein, nein und nochmals nein, ich komme nicht! Geh endlich fort, oder du wirst sehen, dass ich kein Härchen an dir ungekrümmt lasse!« Und als ob jemand vor der Tür stünde und immer weiter seinen Namen riefe, erboste er sich, sprang plötzlich auf, riss dem Barbier das Rasiermesser aus der Hand und lief schimpfend und schreiend dem nach, der da nach ihm rief, den aber außer ihm selbst niemand sehen konnte.

Der Barbier, der Angst um sein Rasiermesser hatte, lief hinter ihm drein, um es zurückzuholen. Sie waren schon aus der Stadt, da stürzte der Mann plötzlich in einen Abgrund, aus dem er nicht mehr zum Vorschein kam. So war er, ganz ohne sich dessen bewusst zu sein, doch dem gefolgt, der nach ihm gerufen hatte.

Der Barbier, der ohne sein Rasiermesser wieder umkehren musste, erzählte, als er in die Stadt kam, allen, was er gesehen hatte. Da glaubten die Leute, die bis dahin nicht gewusst hatten, wohin die gegangen waren, die von der Stimme gerufen wurden, dass wohl alle anderen auch in jenen Abgrund geraten seien.

Als sich aber eine große Gruppe von Menschen nach der Unglücksstätte aufmachte, um den Abgrund zu sehen, der so unersättlich war, dass er alle Leute verschlang und doch nie genug hatte, fanden sie nichts als eine große, weite Ebene. Von einem Abgrund war nichts mehr zu sehen. Und von da an begannen die Menschen dieses Landes, auf dieselbe Weise zu sterben wie die in der ganzen übrigen Welt auch.

Angst

Mit dem Tod eines geliebten Menschen taucht immer wieder die Frage nach dem Sinn des weiteren Lebens auf. Gerade bei einem plötzlichen Tod ist die Umstellung auf ein Dasein ohne den Partner/die Partnerin oder den Vater oder die Mutter fast nicht zu bewältigen. Auf alle Fälle wird das Gefühl des Alleinseins von starken Ängsten begleitet. Man wünscht sich den Verstorbenen mit aller Macht zurück und kann nicht loslassen.

Vom Loslassen

Das ist, was sehr viele von uns tun, wenn ein geliebter Mensch stirbt. Wir halten ihn fest, wir flehen ihn an, uns nicht zu verlassen, wir sagen ihm vielleicht, dass wir ohne ihn nicht leben können. Doch damit machen wir es ihm unendlich schwer, hinüberzuwechseln in die andere, unbekannte Welt, die ihn holen wird, egal wie sehr wir uns auch wehren.

Im Schulalter beginnen Kinder zu verstehen, dass der Tod jeden trifft und unausweichlich ist. Auch sie selbst müssen einmal sterben. Meist fürchten sich Kinder dann vor ihrem Tod oder dem Tod der Eltern und haben Phantasien dazu. Mit etwa zehn Jahren haben sie dann das gleiche Verständnis vom Tod wie Erwachsene.

Aber was können wir tun? Wie können wir es besser machen? Wie sollen wir uns gegenüber unseren Kindern verhalten, werden Sie sich nun vielleicht fragen.

Eines müssen wir tun: Unseren Kindern die Auseinandersetzung mit dem Tod zumuten und vor allem zutrauen. Die Trauer bleibt uns niemals erspart. Loslassen ist immer mit einem Prozess verbunden. Dieser Prozess kann aber nur dann stattfinden, wenn wir uns mit dem Tod bekannt gemacht haben. Unser Märchenheld hat es nicht getan. Er hat den Tod negiert, ist dann aber natürlich doch geholt worden. Jedoch völlig unvorbereitet während des Rasierens beim Barbier und in einem schweren, sinnlosen Kampf.

Die menschlichen Züge des Todes

Das zweite Märchen zum Thema Tod ist eines von jenen, in denen der Tod überlistet wird. Die Geschichte kratzt quasi an seinem Image vom Schreckensreichen und entlarvt ihn als etwas, das genau wie wir selbst seine Schwächen und seine komischen Seiten hat. Gleichzeitig betont das Märchen aber – und hier liegt die Botschaft für das Kind –, dass ein jeder von uns schon bei der Geburt seine Lebenszeit zugewiesen bekommt und dass niemand, auch der Tod selbst nicht, die Macht besitzt, daran etwas zu ändern.

Der geprellte Tod

Alle wissen wir, dass mit dem Tod kein Schabernack zu treiben ist, und doch hat ihn einmal ein Schafhirt geprellt. Der hütete seine Schafe – und es war wahrlich eine prächtige Herde – das ganze Jahr über, Sommer wie Winter, und er war glücklich und zufrieden dabei.

Eines schönen Tages stand plötzlich der Tod hinter einem Gebüsch am Rande der Weide – weiß der Himmel, woher er auf einmal kam. Jedenfalls war er da von einem Atemzug zum anderen, wie das ja bekanntlich so seine Art ist. Stand da und betrachtete den Schäfer, wie der auf seinen Stab gestützt gut gelaunt vor sich hinschaute und die Schafe hütete. Es gefiel dem Tod, dass der Hirte beim Anblick seiner Tiere einen so vergnügten und glücklichen Eindruck machte, und er dachte im Stillen, dass diese Schafe wohl etwas ganz Besonderes sein mussten.

Der Tod ging hin zum Schäfer und sagte rundheraus, was er wollte, nämlich: »Gib mir eines von deinen Tieren!«

»Ja, aber wozu denn, was willst du damit?«, fragte der Hirt erstaunt.

»Na, was wohl! Dasselbe wie du! Ich möchte mich an ihnen weiden«, sagte der Tod und erklärte mit trübseliger Stimme: »Wie du dir wohl vorstellen kannst, sehe ich hier auf Erden immer nur unerfreute Gesichter. Ich komme, und wer mich sieht, schaut erschrocken oder missmutig drein. Und das steckt an. Vielleicht bekomme ich, wenn ich mich an einem

deiner Schafe weide, auch so ein zufriedenes Gesicht wie du.«
»Hm«, seufzte der Schäfer. »Wenn es nach mir ginge, könntest du eines der Tiere bekommen, aber ich habe einen harten Herrn und kann mir, wenn ich dir eins gebe, einer schlimmen Strafe sicher sein.«
Da wurde der Tod böse. »Wenn du mir den Wunsch abschlägst und mir kein Schaf geben willst, musst du selbst dran glauben!«, rief er zornig.
Als der Hirte merkte, dass es ihm an den Kragen gehen sollte, gab er klein bei. »Nicht doch«, stotterte er, »lass mich noch ein Weilchen leben! Lieber geb ich dir eins der Tiere und stecke die Strafe dafür ein!« Und bestimmt hätte jeder andere an seiner Stelle ganz genauso gehandelt! »Nun, welches von den Schafen willst du haben?«, fragte er mit schmeichelnder Stimme und pochendem Herzen, so sehr saß ihm der Schreck noch immer in allen Gliedern.
»Gib mir das beste«, antwortete der Tod, und da ließ der Hirte seinen Blick über die Weide schweifen, bis er eines fand, das gut in der Wolle stand und seinem Besitzer Ehre machen würde. Ein paar Schritte drauf zugegangen, einmal mit dem Stock ausgeholt, und schon hatte der Hirte das blökende Tier am Kanthaken.

»Schau nur«, sagte er voller Unterwürfigkeit zum Tod, »das ist wirklich ein ganz besonderes Schaf, das ich dir da eingefangen habe!«
»Gut, gut«, lobte ihn der Tod, »warum nicht gleich so?« Und dann befahl er dem Hirten, ihm das Tier auch noch nach Hause zu tragen.
Der Hirte hob es hoch und legte es sich um den Nacken, und dann schritt er hinter Gevatter Tod drein, bis sie drei Meilen hinter Eulenpfingsten endlich bei des Todes Häuschen ankamen. Dort ließ der Hirte das Schaf behutsam zu Boden gleiten und sah sich neugierig um. Ein Haufen Garnknäuel fiel ihm auf, der lag hinter dem Ofen, und weil er neugierig war, fragte er den Tod, was er damit machen wollte.
Der Tod sah den Schäfer eine Weile abwägend an, aber dann war er gnädigst bereit, ihm das Geheimnis zu verraten. »Jedes dieser Garnknäuel ist ein Menschenleben«, erklärte er. »Wenn

das Garn ganz abgewickelt ist, so wie bei diesem Knäuel dort, muss der, dem es gehört, sterben.«
Der Hirte nickte verstehend, und dann kam ihm ein Gedanke. »Das ist ja wirklich äußerst interessant«, sagte er. »Und kannst du mir dann auch mein Garnknäuel einmal zeigen?«
»Natürlich kann ich das!«, erwiderte der Tod prahlerisch und suchte es aus dem großen Haufen heraus.
Der Schäfer betrachtete es zufrieden. Es war ein dickes Knäuel, auf dem noch sehr, sehr viel Garn war! Sein Gesicht strahlte, denn nun wusste er, dass er noch lange nicht sterben würde, auch wenn der Tod ihm noch so viel drohte.
»Na dann!«, rief er lachend, »leb wohl, mein Lieber!«, nahm das Schaf wieder auf die Schultern und lief mit ihm, so schnell ihn seine Beine trugen, davon.
Der Tod war erst verdutzt, aber dann verstand er seinen Fehler und schlug sich mit der knöchernen Hand gegen den hohlen Schädel. »Hätte ich ihm doch bloß nicht sein Knäuel gezeigt!«, zeterte und schimpfte er hinter dem Schäfer her und schwang dabei vor Wut die Faust. Aber zu machen war natürlich nichts mehr.
Und der Hirte? Der lebt heute noch und weidet sich an seinen Schafen – das heißt, natürlich nur, wenn sich sein Knäuel inzwischen nicht abgespult hat.

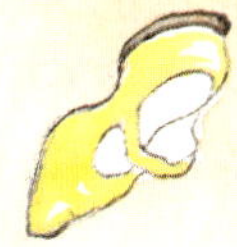

Du bist mein Freund

»Da sprach der König: ›Lasst die Kerle gehen, die sind nicht zu besiegen.‹ Und so brachten die sechs den Reichtum heim, teilten ihn unter sich und lebten vergnügt bis an ihr Ende.«

Nur wer Freunde hat, ist in schwierigen Situationen nicht allein und schwach. Freundschaften schließen und bewahren ist eine Kunst, die von Kindesbeinen an gelernt werden kann, wenn es Vorbilder dazu gibt, wie beispielsweise Märchenhelden, die allen Widrigkeiten gemeinsam trotzen und sich an den gewonnenen Schätzen ebenfalls gemeinsam freuen.

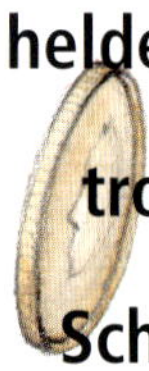

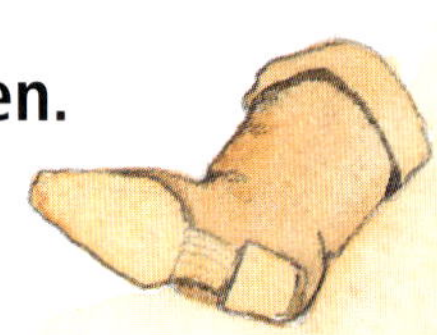

Von der Kraft der Freundschaft

In einer Zeit, in der viele glauben, dass die Technik das Leben beherrscht, ist es wichtig, sich klarzumachen, dass es solche Werte wie Freundschaft, Liebe und Treue nach wie vor gibt, dass sie immens wichtig sind und dass immer darauf Verlass ist.

Eltern, die in der heutigen Zeit ihren Kindern Werte wie Liebe, Treue und Freundschaft vermitteln wollen, werden nicht selten als Idealisten und Romantiker belächelt. Solche Begriffe scheinen nicht mehr für alle Menschen von so großer Bedeutung zu sein. Hingegen scheinen Werte wie Strebsamkeit und Effizienz immer wichtiger zu werden.

Man kann wirklich Angst bekommen, dass das Leben unserer Kinder mehr denn je von Technik bestimmt wird. Statt Bruder oder Schwester ein Gameboy, statt einem richtigen Hund zum Knuddeln ein Tamagotchi, statt mit anderen Kindern zu spielen hinterm Computer hängen. Cola wird am Automaten gekauft, die Stimme des Vaters, der durch die Welt jettet, klingt nur aus dem Telefon, und das Märchen, das früher einmal die Mami erzählte, kommt jetzt vom Rekorder.

Natürlich tun die meisten Eltern ihr Bestes, um ihren Kindern ein warmes Zuhause zu geben, aber neuere Studien und Sozialstatistiken zeigen tatsächlich, dass Kinder in unserer Gesellschaft immer mehr vereinsamen.

Beziehungen haben wird durch Abgucken erlernt

Eine wesentliche Definition des Menschseins ist die Fähigkeit, zu lieben und Beziehungen aufzunehmen. Diese Fähigkeit wird in der Ursprungsfamilie erlernt, und zwar durch »Abgucken«. Kinder orientieren sich an Vorbildern. Sie identifizieren sich mit ihnen und teilen Handlungsweisen in »zur Nachahmung erwünscht« oder »unerwünscht« ein.

Es gibt einen alten Spruch, der sagt: »Wenn du wissen willst, wie deine Liebste später einmal wird, sieh dir ihre Mutter an!« In sehr vielen Fällen stimmt das auch, denn von ihren Müttern lernen Töchter, Frau zu sein, und von ihren Vätern lernen Söhne, Mann zu sein. Haben Söhne keinen Vater, brauchen sie ein anderes Vater-Vorbild, haben Töchter keine Mutter, brauchen sie ein anderes Mutter-Vorbild. Natürlich sind auch abwesende Vorbilder, wie z.B. der

Vater, der ständig aus beruflichen Gründen reisen muss, Vorbilder – aber sie vermitteln eben gerade diese Lebensform, nämlich abwesend zu sein. Auch andere Konflikte in der Familie können dazu führen, dass ein Kind eine Kontaktstörung entwickelt. Dazu gehören Partnerschaftsprobleme ohne Lösung, soziale Probleme wie Arbeitslosigkeit oder beengte Wohnverhältnisse, aber auch jede Form von Gewalt in der Familie.

Das elterliche Verhalten ist ein Modell, das Kinder nachahmen. So haben Mütter mit befriedigenden Kontakten auch Kinder, die gut mit anderen auskommen. Werden in der Familie Konflikte vernünftig ausgetragen und wird kooperiert, wirkt sich dies auch positiv auf die Freundschaften der Kinder aus.

Wie ein Kind sich selbst und anderen begegnet

Was ein Kind in seiner Ursprungsfamilie an Verhaltensregeln erlernt hat, wird es größtenteils als Erwachsener in seine dann aktuellen Beziehungen hineintragen.

★ Aus der Beziehung der Eltern und Geschwister zum Kind entwickelt sich sein Ich-Bewusstsein.

★ Aus der Beziehung des Säuglings zur Mutter, später dann aus der bewusst miterlebten Beziehung der Eltern untereinander, entwickelt sich das Du-Bewusstsein des Kindes.

★ Aus der Beziehung der Eltern zur Umwelt entwickelt sich das Wir-Bewusstsein des Kindes.

★ Aus der Beziehung der Eltern zum Göttlichen, zum Philosophischen, zur Ideologie des Seins entwickelt sich das Überbewusstsein (Ur-Wir) des Kindes.

Was Kinder in der Familie an sozialem Verhalten erlernt haben, tragen sie nach außen. Wenn sie von den Eltern gelernt haben, dass ein Mann eine Frau würdigt und eine Frau einen Mann, werden sie auch später einmal den eigenen Partner würdigen können.

Kinder brauchen ein Gegenüber, um sich in Beziehungen auszuprobieren. Was passiert, wenn ich liebe? Wenn ich verrate? Wenn ich wütend oder traurig bin? Wie fühlt es sich an, geliebt oder gehasst zu werden? Zuerst suchen sie dieses Gegenüber in der Familie, später dann auch in so genannten Außenbeziehungen.

Wie gut das mit dem Lernen sozialen Verhaltens durch Beobachten klappt, macht uns ein weniger bekanntes Märchen der Gebrüder Grimm klar.

Der alte Großvater und sein Enkel

Es war einmal ein steinalter Mann, dem waren die Augen trüb geworden, die Ohren taub, und die Knie zitterten ihm. Wenn er nun bei Tische saß und den Löffel kaum halten konnte, schüttete er Suppe auf das Tischtuch, und es floss ihm auch etwas wieder aus dem Mund. Sein Sohn und dessen Frau ekelten sich davor, und deswegen musste sich der alte Großvater endlich hinter den Ofen in die Ecke setzen, und sie gaben ihm sein Essen in ein irdenes Schüsselchen, und er wurde noch dazu nicht einmal satt; da sah er betrübt nach dem Tisch, und die Augen wurden ihm nass. Einmal auch konnten seine zitterigen Hände das Schüsselchen nicht festhalten, es fiel zur Erde und zerbrach. Die junge Frau schalt, er sagte aber nichts und seufzte nur. Da kaufte sie ihm ein hölzernes Schüsselchen für ein paar Heller, daraus musste er nun essen. Wie sie da so sitzen, so trägt der kleine Enkel von vier Jahren auf der Erde kleine Brettlein zusammen. »Was machst du da?«, fragte der Vater. »Ich mache ein Tröglein«, antwortete das Kind, »daraus sollen Vater und Mutter essen, wenn ich groß bin.« Da sahen sich Mann und Frau eine Weile an, fingen endlich an zu weinen, holten sofort den alten Großvater an den Tisch und ließen ihn von nun an immer mitessen, sagten auch nichts, wenn er ein wenig verschüttete.

Warum Freundschaften so wichtig sind

Kinderfreundschaften gehören zu den beglückendsten Erlebnissen, an die sich Erwachsene gerne erinnern. Dazu gehören auch Streitereien, gemeinsame Streiche, auch einmal Verrat und die darauf folgende Strafe. Man hat sich »zusammen gerauft« und dabei soziale Kompetenz erlernt.

In die Familie wird ein Kind hineingeboren, einen Freund sucht es sich aus. Während es unter den Familienmitgliedern feste Bande gibt, müssen die zum Freund erst wachsen. Eine Freundschaft ist wie ein rohes Ei. Man muss vorsichtig damit umgehen, muss es wärmen und hegen, und am Ende wird vielleicht etwas »ausschlüpfen«, das viele Jahre oder gar ein ganzes Leben hält. Die Fähigkeit, soziale Kontakte zu knüpfen und aufrechtzuerhalten, bekommen Kinder aber nicht einfach in die Wiege gelegt; sie müssen sie erlernen, wie sie auch die Sprache oder das Gehen erst einmal erlernen müssen. Haben sie keine Gelegenheit dazu, weil sie immer mit ihren Bezugspersonen zusammen sind, die Eltern ihnen Freundschaften verbieten oder sie so aggressiv sind, dass sie von anderen Kindern gemieden werden, werden sie auch später einmal keine Beziehungen führen können.

Eltern, die ihre Kinder so sehr in die Familie einbinden, dass keine Zeit oder Gelegenheit mehr bleibt, Außenbeziehungen zu führen, tun ihren Kindern keinen Gefallen. Sie brauchen den anderen, der ihr Freund ist, der sie schätzt und würdigt, auf den Verlass ist. Und sie brauchen auch die enttäuschende Erfahrung, dass Freundschaften zerbrechen können, dass Menschen Fehler machen, dass Versprechen gebrochen werden – und dass sich die Welt trotzdem weiterdreht und am Ende alles wieder gut wird. Ohne diese Erfahrung, die das Kind im Schutze der elterlichen Fürsorge macht, bekommt der Erwachsene dann Probleme in Beziehungen und auch darin, eine gesunde Menschenkenntnis zu entwickeln.

Der Märchenheld, mein bester Freund

Für Eltern, die ihrem Kind beigebracht haben, für andere einzustehen, mitfühlend zu sein und niemanden zu verraten, ist es sicher schwer, es in dem Glauben an die Richtigkeit dieser Ansicht zu bestärken, nachdem es von seinen Kameraden gerade eben wieder tief enttäuscht wurde. In solchen Momenten neigen Kinder dazu, mit gleicher Münze heimzuzahlen. Aber dummerweise trifft es dann meist nicht einmal den, dem man rausgeben wollte, sondern einen ganz anderen, der nun seinerseits wieder darunter leidet, enttäuscht worden zu sein.

Schon um solche Ketten zu durchbrechen, vor allem aber damit sie ein gesundes Selbstwertgefühl behalten können, sollten Kinder auch weiterhin darin bestärkt werden, Werte wie Liebe, Treue und Freundschaft zu würdigen und für sie einzustehen. Märchenhelden sind dabei die allerbesten Verbündeten, denn gerade was diese Werte betrifft, kann man sich auf Märchen verlassen – sie sind sozusagen der rote Faden, der durch alle Märchen läuft. Trotz aller Intrigen und Ränkespiele werden Verräter am Ende immer bestraft, gewinnt der mit dem größten Herzen die Braut, siegt die Freundschaft über die Einsamkeit.

Kinder identifizieren sich mit dem Helden. Durch ihn und mit ihm machen sie eine sehr wichtige »Erfahrung«, die sie bestärkt und ihnen hilft, die Enttäuschungen des wahren Lebens zu überstehen. Die Erfahrung nämlich, dass es nach einigen Wirrnissen wieder zu einem guten Ende kommen wird. Nur wer tief in seinem Herzen an einen positiven Ausgang der Dinge, die ihm widerfahren, glaubt, kann über ein gesundes Selbstbewusstsein verfügen und optimistisch ins Leben gehen.

Gemeinsam sind wir stark

Ist ein Kind noch sehr klein, wird es diejenigen als Freund bezeichnen, die nahe wohnen und mit denen es spielt. Später kommen Normen dazu, wie z. B. ein Geheimnis bewahren können. Erst mit etwa zwölf Jahren schätzen Kinder die Verlässlichkeit des Freundes und sein Interesse an ihren Problemen.

Gerade schwächere Kinder, vom Charakter schüchtern und verlegen, sollten sich verbünden, brauchen das Gefühl, so wie sie sind, angenommen zu sein und in der Gemeinschaft einer Gruppe einen Beitrag zu etwas Großem und Ganzem leisten zu können. Und gerade ihnen können Märchen helfen, Auswege aus ihrer Einsamkeit zu finden und Selbstbewusstsein zu erlangen. An der Hand des Helden können sie lernen, stark zu sein und sich Verbündete zu suchen, können die Erfahrung machen, dass nicht immer die den Sieg davontragen, die auf den ersten Blick dafür prädestiniert erscheinen.

Dass Freundschaft mehr wert ist als jede andere Macht, zeigt sehr anschaulich das Grimm-Märchen *Sechse kommen durch die ganze Welt*. Ein geiziger König entlässt einen altgedienten Soldaten, der für ihn Kopf und Kragen riskiert hat, und speist ihn mit nur drei Hellern Zehrgeld ab, worauf der Soldat so verärgert ist, dass er ihm Rache schwört. »Finde ich die rechten Leute, so soll mir der König noch die Schätze des ganzen Landes herausgeben!«, sagt er voll Zorn.

Der Soldat schätzt seine Lage ganz realistisch ein. Er weiß, dass er alleine gegen die Macht des Königs, hinter dem immerhin ein ganzes Heer steht, nichts ausrichten kann. Er braucht Freunde und Verbündete, und es müssen die richtigen Leute sein, die über Begabungen verfügen, die seine eigenen ergänzen und unterstützen.

Der Soldat macht sich auf die Suche und findet auch bald die richtigen Freunde. Zusammen ziehen sie los, um den ungerechten König zu besiegen, und es gelingt ihnen mit überraschender Leichtigkeit.

Wenn Kinder zu Opfern werden

Das Märchen ist nicht schwer zu deuten. Der König symbolisiert die Macht an sich. Die Macht der Erwachsenenwelt z. B. oder die Macht einer anderen, bedeutend stärkeren Gruppe, die unüberwindbar scheint. Das könnten Drittklässler sein, die sich einen Spaß daraus machen, einen Kleinen aus der ersten Klasse zu überfallen, um ihm einen gehörigen Schrecken einzujagen.

Auf die Verwicklung folgt die Entwicklung, auf den Konflikt die Lösung – das Märchen bietet Kindern einen Gesamtüberblick, der sie Wirkung und Folgen einer Handlung erkennen lässt. Außerdem erhält das Kind ein konkretes Feindbild, gegen das es mit Hilfe des Märchenhelden kämpfen und sich auf diese Weise wehren kann.

Zum Opfer wird ein Mensch schneller, als man glaubt. Hat beispielsweise eine Gruppe von Mitarbeitern in einer Firma es erst einmal auf einen Kollegen abgesehen, steckt der in einer Mühle, aus der es kaum noch ein Entrinnen gibt. Und es gilt die Regel: Opfer kann jeder werden, nicht nur die Schwachen!

Bei Kindern werden Machtkämpfe aber meist auf der körperlichen Ebene ausgetragen. Da solche Angreifer in der Regel zwei, drei Jahre älter sind als ihre Opfer und damit auch um einiges größer und stärker, existiert eine Ungleichheit der Kräfte, die das Opfer kaum ausgleichen kann. Die Angst tut ein Weiteres, um das Kind handlungsunfähig zu machen. Hat es aber Freunde und Verbündete, die ihm helfen, wird es gestärkt dastehen, und Angriffe bleiben unter Umständen ganz aus.

Besonders schwierig ist es für Eltern, die ihrem Kind einen friedlichen Umgang miteinander vorleben, erfahren zu müssen, dass ihr Kind der Angreifer ist. Wichtig ist, sich vor Augen zu halten, dass gerade auch ein Angriff Ausdruck von Angst und Hilflosigkeit ist. Versuchen Sie Vorwürfe zu vermeiden, sprechen Sie mit dem Kind, um zu verstehen, warum es mit gewalttätigen Handlungen reagiert.

Für Eltern ist es immer schwierig abzuwägen, wann sie in die Zwistigkeiten ihrer Kinder eingreifen sollen. Tun sie es zu früh, kann es sein, dass sie den Kleinen mehr schaden als nützen, denn diese stehen dann als Muttersöhnchen, Versager, Verräter, Memme da, und das Kind lernt nicht, sich zu wehren und auf sich selbst zu vertrauen. Tun sie es zu spät, wird den Kleinen vielleicht etwas Schlimmes geschehen, und sie fühlen sich von den Eltern verlassen.
Es wird immer schwierig sein, da abzuwägen, und eine allgemein gültige Regel gibt es nicht. Aber es gibt ein paar Punkte, die zu beachten sind.

Tatsächlich streiten sich Freunde öfter als Nicht-Freunde. Allerdings sind diese Auseinandersetzungen weniger heftig und enden damit, dass sich die Kinder einem neuen Spiel zuwenden oder den Streit in anderer Form beiseite schieben. Nicht-Freunde beharren eher auf ihrem Willen.

Hilfe bei Konflikten zwischen Kindern

★ Reden Sie mit Ihrem Kind über Angriffe. Hören Sie immer wieder aufmerksam und geduldig zu, und hinterfragen Sie die Dinge, ohne dem Kind das Gefühl zu geben, ihm nicht zu glauben, es nicht ernst zu nehmen oder es gar bestrafen zu wollen.

★ Bezichtigen Sie Ihr Kind nicht der Lüge, wenn es einen Teil der Wahrheit weglassen sollte. Es erzählt vielleicht: »Erik hat mich geschlagen, obwohl ich ihm gar nichts getan habe!« Tatsächlich hat Ihr Sohn seinem Klassenkameraden aber z. B. den Mantel weggerissen. Lassen Kinder Teile der Wahrheit weg, schämen sie sich oder haben Angst vor Strafe. Strafen Sie Ihr Kind dann tatsächlich, wird es beim nächsten Mal wohl kaum offener reden. Finden Sie durch Hinterfragen heraus, dass Ihr Kind Erik den Mantel weggerissen hat, tut die Frage: »Was hättest du an seiner Stelle getan?« bestimmt viel mehr Wirkung.

★ Wird Ihr Kind wiederholt angegriffen und vielleicht sogar bedroht, fragen Sie es, was es an Hilfestellung von Ihnen erwartet, und entscheiden Sie nicht einfach für das Kind. So erfährt es Ihren Schutz, trägt dabei aber einen Teil der Verantwortung.

★ Raten Sie ihm immer wieder, sich mit Freunden zusammenzutun, um Selbstsicherheit und Stärke zu demonstrieren. Können Kinder sich ohne die Macht der Eltern aus ihrer Misere helfen, ist das für ihr Selbstbewusstsein grundsätzlich der bessere Weg! Wichtig ist für Ihr Kind aber, zu wissen, dass Sie im Notfall eingreifen werden und hinter ihm stehen.

Sechse kommen durch die ganze Welt

Es war einmal ein Soldat, der diente brav und tapfer, aber als der Krieg zu Ende war, bekam er den Abschied und nur drei Heller Zehrgeld mit auf den Weg. »Wart«, sprach er, »das lass ich mir nicht gefallen. Finde ich die rechten Leute, so soll mir der König noch die Schätze des ganzen Landes herausgeben.« Da ging er voll Zorn in den Wald und sah einen, der hatte sechs Bäume ausgerupft, als wären's Kornhalme. Sprach er zu ihm: »Willst du mit mir ziehen in die weite Welt?« »Ja«, antwortete der, »aber erst will ich meiner Mutter das Wellchen Holz heimbringen«, nahm einen von den Bäumen und wickelte ihn um die fünf andren, hob die Welle auf die Schulter und trug sie fort. Dann kam er wieder und ging mit dem Soldaten, und als sie ein Weilchen gegangen waren, fanden sie einen Jäger, der hatte die Büchse angelegt und zielte. Sprach der Soldat zu ihm: »Jäger, was willst du schießen?« Er antwortete: »Zwei Meilen von hier sitzt eine Fliege auf dem Ast eines Eichbaums, der will ich das linke Auge herausschießen.« »O, geh mit mir«, sprach der Soldat, »wenn wir drei zusammen sind, sollten wir wohl durch die ganze Welt kommen.« Der Jäger ging mit, und sie kamen zu sieben Windmühlen, deren Flügel trieben ganz hastig herum, und ging doch links und rechts davon kein Wind und bewegte sich kein Blättchen. Die drei gingen weiter, und als sie zwei Meilen gegangen waren, sahen sie einen auf einem Baum sitzen, der hielt das eine Nasenloch zu und blies aus dem andern. »Was treibst du da oben?«, fragte der Soldat. Der andere antwortete: »Zwei Meilen von hier stehen sieben Windmühlen, die blase ich an, dass sie laufen.« »O, geh mit mir«, sprach der Soldat, »wenn wir vier zusammen sind, sollten wir wohl durch die ganze Welt kommen.« Da stieg der Bläser herab und ging mit, und über eine Zeit sahen sie einen, der stand da auf einem Bein und hatte das andere abgeschnallt und neben sich gelegt. Da sprach der Soldat: »Du hast dir's ja bequem gemacht!« »Ich bin ein Läufer«, antwortete der andere, »und damit ich nicht gar zu schnell springe, habe ich mir das eine Bein abgeschnallt; wenn ich mit zwei Beinen laufe, so geht's geschwinder, als ein Vogel fliegt.« »O, geh mit mir,

wenn wir fünf zusammen sind, sollten wir wohl durch die ganze Welt kommen.« Da ging er mit, und gar nicht so lang, da begegneten sie einem, der hatte ein Hütchen auf, hatte es aber ganz auf dem einen Ohr sitzen. Da sprach der Herr zu ihm: »Häng deinen Hut doch nicht auf ein Ohr, du siehst ja aus wie ein Hans Narr.« »Das darf ich nicht«, sprach der andere, »denn setz ich meinen Hut gerad, so kommt ein gewaltiger Frost, und die Vögel unter dem Himmel erfrieren und fallen tot zur Erde.« »O, geh mit mir«, sprach der Soldat, »wenn wir sechs zusammen sind, sollten wir wohl durch die ganze Welt kommen.«

Nun gingen die Sechse in eine Stadt, wo der König hatte bekannt machen lassen, wer mit seiner Tochter um die Wette laufen wollte und den Sieg davontrüge, der sollte ihr Gemahl werden; wer aber verlöre, müsste auch seinen Kopf hingeben. Da meldete sich der Soldat und sprach: »Ich will aber meinen Diener für mich laufen lassen.« Der König antwortete: »Dann musst du auch noch dessen Leben zum Pfand setzen, also dass sein und dein Kopf für den Sieg haften.« Als das versprochen war, bekam der Läufer einen Krug und die Königstochter auch einen, und sie fingen zu gleicher Zeit zu laufen an. Aber in einem Augenblick, als die Königstochter erst eine kleine Strecke fort war, konnte den Läufer schon kein Zuschauer mehr sehen. In kurzer Zeit langte er bei dem Brunnen an, schöpfte den Krug voll Wasser und kehrte wieder um. Auf halbem Wege aber überkam ihn eine Müdigkeit. Da setzte er den Krug hin, legte sich nieder, bettete den Kopf auf einen dicken Ast, der da herumlag, und schlief ein. Indessen war die Königstochter bei dem Brunnen angelangt und eilte mit ihrem Krug voll Wasser zurück; und als sie den Läufer da liegen sah, leerte sie heimlich seinen Krug aus und sprang weiter. Nun wäre alles verloren gewesen, wenn nicht zum Glück der Jäger oben auf dem Schloss gestanden und alles mit angesehen hätte. Da lud er sein Gewehr und schoss so geschickt, dass er dem Läufer den dicken Ast unter dem Kopf wegschoss, ohne ihm weh zu tun. Da erwachte der Läufer, sprang in die Höhe und sah, dass sein Krug leer und die Königstochter schon weit voraus war. Aber er verlor den Mut nicht, lief mit dem Krug wieder zum Brunnen zurück, schöpfte aufs Neue Wasser und

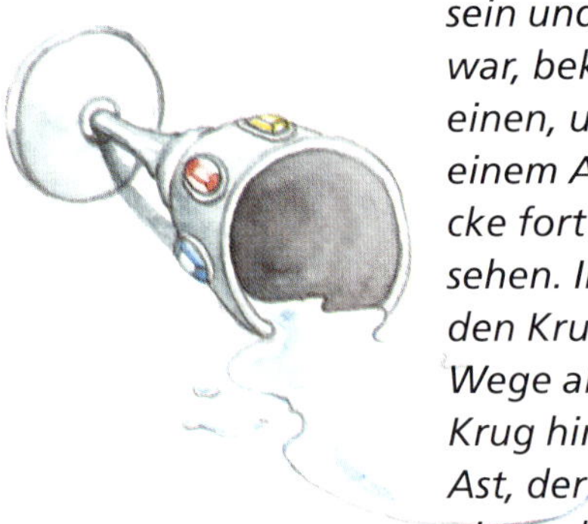

war noch zehn Minuten eher als die Königstochter daheim. Den König aber kränkte es und seine Tochter noch mehr, dass sie so ein gemeiner abgedankter Soldat davontragen sollte. Sie ratschlagten miteinander, wie sie ihn samt seinen Gesellen loswürden. Da fasste der König einen bösen Gedanken. Er ließ die Gesellen holen und sprach zu ihnen: »Ihr sollt es euch nun gut gehen lassen, essen und trinken« und führte sie zu einer Stube, die hatte einen Boden von Eisen, und die Türen waren auch von Eisen, und die Fenster waren mit eisernen Stäben verwahrt, und in der Mitte stand eine Tafel mit allen Köstlichkeiten besetzt. Aber als sie darinnen waren, ließ er die Türe verriegeln. Dann ließ er dem Koch ausrichten, ein Feuer so lang unter die Stube zu machen, bis das Eisen glühend würde. Das tat der Koch, und es ward den Sechsen in der Stube plötzlich ganz warm, und als die Hitze immer größer ward und sie hinaus wollten, Türe und Fenster jedoch verschlossen fanden, da merkten sie, dass der König Böses im Sinne gehabt hatte und sie ersticken wollte. »Es soll ihm aber nicht gelingen«, sprach der mit dem Hütchen, »ich will einen Frost kommen lassen, vor dem sich das Feuer verkriechen soll.« Da setzte er sein Hütchen gerade, und alsobald fiel ein Frost, dass alle Hitze verschwand und die Speisen auf den Schüsseln anfingen zu frieren. Als nach ein paar Stunden der König glaubte, sie wären in der Hitze verschmachtet, ließ er die Türe öffnen und wollte nach ihnen sehen. Aber wie die Türe aufging, standen sie alle sechs da, frisch und gesund. Da ging der König voll Zorn zum Koch, schalt ihn und fragte, warum er nicht getan hätte, was ihm befohlen worden. Der Koch aber antwortete: »Es ist Glut genug da, seht nur selbst.« Da sah der König, dass ein gewaltiges Feuer unter der Eisenstube brannte, und merkte, dass er den Sechsen auf diese Weise nichts anhaben könnte.

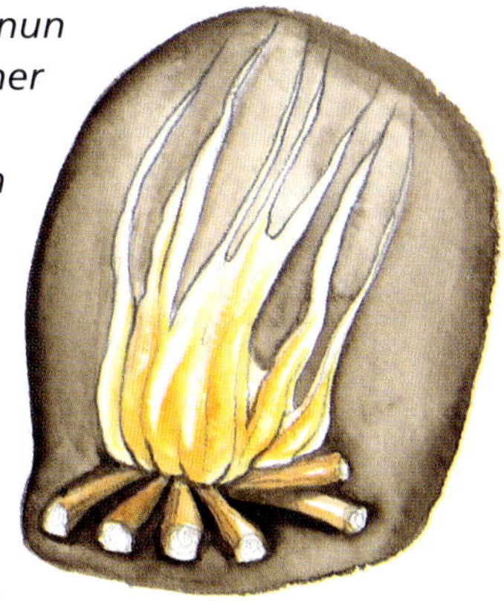

Nun sann der König aufs Neue, wie er sie loswürde, ließ den Soldaten kommen, und sprach: »Willst du Gold nehmen und dein Recht auf meine Tochter aufgeben, so sollst du haben, so viel du willst.« »O ja, Herr König«, antwortete er, »gebt mir so viel, als mein Diener tragen kann, so verlange ich Eure Tochter nicht.« Der König war's zufrieden, also sprach der Soldat weiter: »So will ich in vierzehn Tagen kommen und es holen.«

Darauf mussten alle Schneider einen Sack nähen. Und als er fertig war, musste der Starke, welcher Bäume ausrupfen konnte, mit dem Sack zum König gehen. Der sprach: »Was ist das für ein Kerl, der den hausgroßen Ballen Leinwand auf der Schulter trägt?« Und er erschrak und dachte: »Was wird der für Gold wegschleppen!« Da hieß er eine Tonne Gold herbringen, die mussten sechzehn der stärksten Männer tragen, aber der Starke steckte sie mit einer Hand in den Sack und sprach: »Warum bringt ihr nicht gleich mehr, das deckt ja kaum den Boden.« Da ließ der König seinen ganzen Schatz herbeitragen, den schob der Starke in den Sack hinein, und der Sack ward davon noch nicht zur Hälfte voll. »Schafft mehr herbei«, rief er, »die paar Brocken füllen nicht.« Da mussten noch siebentausend Wagen mit Gold aus dem ganzen Reich kommen: Die schob der Starke samt den vorgespannten Ochsen in seinen Sack. Obwohl der Sack noch immer nicht voll war, sagte der Starke: »Ich will nicht so sein und dem Ding nun ein Ende machen«, band den Sack zu, huckte ihn auf den Rücken und ging mit seinen Gesellen fort. Als der König nun sah, wie ein einziger Mann des ganzen Landes Reichtum forttrug, ward er zornig und ließ seine Reiterei aufsitzen, die sollten den Sechsen nachjagen und hatten Befehl, dem Starken den Sack wieder abzunehmen. Zwei Regimenter holten sie bald ein und riefen ihnen zu: »Ihr seid Gefangene, legt den Sack mit dem Gold nieder, oder ihr werdet zusammengehauen.« »Was sagt ihr?«, sprach der Bläser, »wir wären Gefangene? Eher sollt ihr sämtlich in der Luft herumtanzen«, hielt das eine Nasenloch zu und blies mit dem andern die beiden Regimenter an. Da fuhren sie auseinander und in die blaue Luft, über alle Berge weg, der eine hierhin, der andere dorthin. Ein Feldwebel rief um Gnade, er hätte neun Wunden und wäre ein braver Kerl, der den Schimpf nicht verdiente. Da ließ der Bläser ein wenig nach, so dass er ohne Schaden wieder herabkam, dann sprach er zu ihm: »Nun geh zum König und sag, er sollte noch mehr Reiterei schicken, ich wollte sie alle in die Luft blasen.« Der König, als er den Bescheid vernahm, sprach: »Lasst die Kerle gehen, die sind nicht zu besiegen.« Da brachten die sechs den Reichtum heim, teilten ihn unter sich und lebten vergnügt bis an ihr Ende.

Freundschaft in der Krise

Krisen in der Freundschaft können – wenn sie bewältigt werden – das Selbstbewusstsein eines Kindes erheblich festigen. Es lernt Spannungen auszuhalten, seine Ansichten zu äußern und zu vertreten und gemeinsame Lösungen zu suchen.

Das zweite Märchen zeigt genau das, was so häufig zwischen Menschen passiert und darum im Falle eines Streites zwischen Ihrem Kind und einem Freund sehr gut als Ausgangspunkt für ein Gespräch dienen kann.

Das Märchen: Ein Freund fühlt sich durch den anderen enttäuscht und hintergangen, und statt über seine Gefühle zu reden, greift er ihn aus dem Hinterhalt an. Das wiederholt sich dreimal, schließlich wehrt der andere sich und tötet den Angreifer. Wer ist nun schuld an diesem Tod? Der eine, der immer wieder angegriffen und dadurch die Reaktion seines Freundes heraufbeschworen hat? Oder muss der Mörder die ganze Last der Schuld alleine tragen, weil er absichtlich und vorsätzlich gehandelt hat? Wer ist nun im Recht und wer im Unrecht?

Kinder haben ein ausgeprägtes Rechtsempfinden, und sie nehmen Stellung, weil sie sich identifizieren. Es wird nicht schwer sein, aufgrund dieses Märchens eine Diskussion mit einem Kind oder einer Gruppe von Kindern zu führen und dabei zu erkennen, in welcher Position sie sich gerade befinden. Fühlen sie sich enttäuscht und hintergangen, alleine gelassen, sind sie gerade voller Wut, oder können sie am Ende doch verzeihen?

Weitere Fragen, die das Märchen aufwirft, sind: Warum haben die beiden nie über die Vorkommnisse geredet und versucht, ihren Streit zu bereinigen? Wusste der eine überhaupt, warum der andere sich so verletzt fühlte? Wie hätten die beiden sich sinnvoller verhalten können?

Beide sind betroffen

Zurück zum Inhalt: Es wäre kein Märchen, wenn es bei dem Tod des Freundes bliebe. Nachdem der eine Freund ertrunken ist, kommt auch der andere in Lebensgefahr, da sein Kajak zu sinken droht. Da erinnert er sich, dass er ja ein »Angakut« (vermutlich ist ein Angakut eine Art Auserwählter; das Wort wird nicht erläutert) ist und darum Schutzgeister hat, die ihm das Leben retten, wenn er sie ruft. Diese Schutzgeister bringen ihn auf ihre Insel, und dort trifft er auch seinen Freund wieder, der ganz offensichtlich ebenfalls ein Angakut ist und von diesen

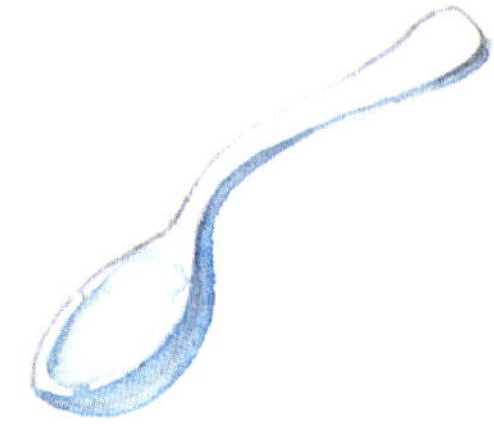

Geistern gerettet wurde. Die beiden Freunde müssen nun gegenüber Platz nehmen, müssen sich Speisen teilen und sich dabei ansehen. Schließlich müssen sie gegen einen der Geister kämpfen und die Schmach ertragen, im Kampf zu unterliegen. Danach müssen sie auch noch versprechen, ihre bösen Taten nie zu wiederholen. Erst dann dürfen sie zu den Menschen zurückkehren.

Sehen wir uns dieses Versöhnungsritual am Ende des Märchens einmal genauer an. Das gemeinsame Essen als Friedensritual ist uralt und wird auch heute immer noch praktiziert. Haben zwei feindliche Stämme endlich Freundschaft geschlossen, wird ein großes Mahl bereitet und tagelang miteinander gegessen und gefeiert. Treffen sich zwei Staatsmänner, um einen wichtigen Vertrag zu unterzeichnen, tafeln sie miteinander. Bietet einer dem anderen von seinem Essen an, nennt man das »Gastfreundschaft«.

Auch bei Auseinandersetzungen gilt, dass sich Ihr Kind so verhält, wie es das von Ihnen gelernt hat. Wird in einer Familie also konstruktiv gestritten, haben Kinder ein gutes Vorbild für die Problemlösung in ihrem Freundeskreis.

Auseinandersetzung führt zur Versöhnung

Auch das Sich-Gegenübersitzen unserer beiden Kampfhähne hat einen symbolisch wichtigen Gehalt. Auf diese Weise müssen sie sich miteinander und mit ihrer Tat konfrontieren und außerdem nachholen, was sie versäumt haben, als sie nicht miteinander über ihre Verletzungen sprachen. Wer sich in die Augen sieht, blickt sich gegenseitig in die Seele, denn die Augen sind das Tor nach innen.

Schließlich müssen sie auch eine Niederlage im Kampf ertragen – das heißt, sie müssen Demut zeigen. Auch dies ist ein uralter Brauch, und zwar in fast allen Kulturkreisen. Im Mittelalter wurden Menschen oft an den Beinen aufgehängt oder an den Pranger gestellt, was bedeutete, dass man sie verspotten durfte. Den Spott zu ertragen, sollte ihnen zur Demut verhelfen. Denn erst wer Demut zeigt, findet zur Reife seiner Persönlichkeit.

Am Schluss des Märchens müssen unsere beiden Märchenhelden auch noch das ehrenhafte Versprechen ablegen, nie solche bösen Taten zu wiederholen – erst dann sind sie geläutert und dürfen zu den Menschen zurückkehren. Man könnte auch sagen: Erst dann haben die beiden jungen Männer zu ihrer Menschlichkeit und zu ihrer wahren Stärke gefunden.

Von zwei Freunden, die sich bekriegten

Es waren einmal zwei Witwen, die hatten jede einen Sohn, und die Söhne waren miteinander befreundet. Sie hatten sich angewöhnt, mit ihren Kajaks gemeinsam auf Fang zu fahren und erst zurückzukommen, wenn sie jeder einen Seehund erbeutet hatten. Eines Morgens aber verspätete sich der eine, und weil der andere das gute Wetter nutzen wollte, wartete er nicht länger und fuhr ganz gegen sein Versprechen alleine hinaus.
Er war mit der Jagd beschäftigt, als er plötzlich hinter sich ein Geräusch vernahm. Er drehte sich um, und da sah er den Freund, wie er mit erhobener Harpune im Kajak stand, um sie nach ihm zu werfen und ihn zu töten. Aber es gelang ihm nicht, denn sofort machte der Bedrohte mit seinem Boot im Wasser eine Rolle – das heißt, er warf sich nach rechts, tauchte unter sich durch und auf der linken Seite wieder auf – und so verfehlte die Harpune ihr Ziel und schoss an ihm vorbei.
Als sich der eine Freund mit seinem Kajak wieder aufgerichtet und der andere die Fangleine seiner Harpune eingerollt hatte, taten sie so, als sei nichts geschehen. Ohne die Sache weiter zu erwähnen, fingen sie gemeinsam ihre Beute, fuhren dann nach Hause und waren dabei so freundlich zueinander wie all die Jahre zuvor.

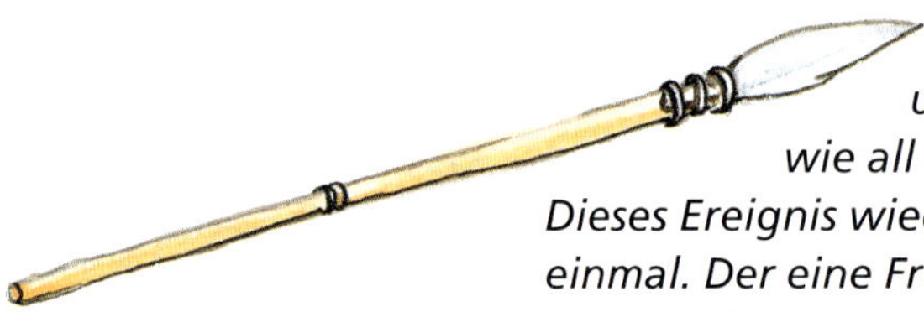

Dieses Ereignis wiederholte sich ein paar Monate später noch einmal. Der eine Freund fuhr alleine auf die Jagd, der andere war darüber enttäuscht und erhob die Waffe gegen ihn. Wieder ging alles gerade noch gut, und wieder sprachen sie mit keinem Wort darüber, sondern taten, als sei nichts geschehen.
Aber als sich dies noch ein drittes Mal auf dieselbe Art wiederholte, beschloss der bedrohte Freund, sich an seinem Angreifer zu rächen. Kaum war er im Wasser untergetaucht und hatte sich danach mit seinem Kajak wieder aufgerichtet, packte er seine Harpune und warf sie nun ebenfalls nach dem Freund. Dieser konnte sich aber durch denselben Trick aus der Schusslinie retten. Er ließ sein Kanu geschickt kentern, doch bevor er sich damit wieder aufrichten konnte, war der andere schon bei ihm und hielt das Kajak mit beiden Händen fest, so dass der Freund unter Wasser bleiben musste und ertrank.

Erschöpft vom Kampf paddelte er aufs Land zu, doch da bemerkte er, dass sein Kajak beschädigt war und voll Wasser lief. Er paddelte noch schneller, so schnell er konnte, doch es war vergebens, er wusste, so würde er nie das Ufer erreichen, und nun musste er ebenfalls ertrinken! Da erinnerte er sich plötzlich, dass er ja Angakut war und darum Helfer unter den Schutzgeistern hatte, die in den Klippen am Meer wohnten. Er brauchte sie nur anzurufen, und sie würden ihn retten. Und kaum hatte er das getan, sah er auch schon drei Kajaks hinter sich. Sie nahmen ihn ins Schlepptau und retteten ihn in allerletzter Sekunde vor dem sicheren Tod, indem sie ihn auf eine Insel zogen.

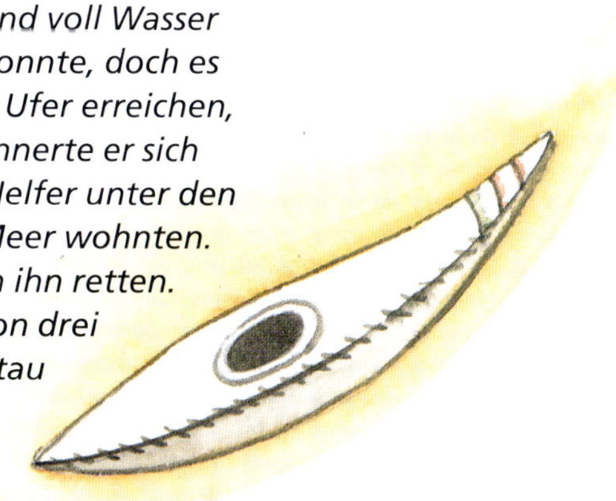

Auf der Insel stand ein Haus, in das führten sie ihn. Dort wartete ein alter Mann, der hielt Decken zum Wärmen und Speisen und Trank bereit, um den jungen Mann zu versorgen. Dann sagte der Alte, die anderen sollten ihre Brüder rufen, und nach einer Weile kamen fünf andere Schutzgeister vom Meer her, und sie führten den Freund mit sich, den der Gerettete vorher ertränkt hatte. Jetzt wusste er, dass der andere ebenfalls Angakut war und darum Helfer unter den Geistern hatte, und dass er ebenfalls von ihnen gerettet worden war. Die beiden jungen Männer mussten sich gegenüber Platz nehmen und sich ansehen. Es fiel ihnen sehr schwer, sie wagten kaum die Augen aufzuschlagen. Sie aßen schweigend, dann breitete der eine der Schutzgeister ein Fell auf dem Boden aus, und die beiden jungen Männer mussten mit ihm kämpfen. Aber sie konnten ihn nicht besiegen und gaben schließlich beschämt auf.

Bevor die beiden jungen Männer die Insel wieder verlassen und zu den Menschen zurückgehen durften, mussten sie den Schutzgeistern versprechen, dass sie nie wieder in Unfrieden leben und ihre bösen Taten gegeneinander nie wiederholen würden.

Das versprachen sie. Von da an versöhnten sie sich. Sie lebten in Frieden miteinander und fuhren wie früher gemeinsam hinaus zu ihrem alten Fangplatz, um miteinander zu jagen.

Ein Geschenk von Herzen

»Eines der Mädchen schlug vor, auch dem Hund etwas vom Essen abzugeben, aber die anderen sahen das nicht ein und fanden, das wäre Vergeudung. ›Aber wisst ihr denn nicht, dass auch ein Hund ein achtbares Wesen ist? Von mir bekommt er was.‹«

Wer erfahren hat, mit wie viel Freude eine Gabe beantwortet wird, möchte von sich aus nicht mehr auf diese Zeichen der Zuneigung und Liebe verzichten. Etwas zu geben bedeutet dann nicht mehr, etwas zu verlieren, sondern noch mehr, etwas zu bekommen, das nicht mit materiellen Werten aufzuwiegen ist.

Vom Teilen und Behalten

Nur wenn Geben und Nehmen in Bewegung bleiben, funktioniert eine Beziehung. Dies frühzeitig zu lernen ist für Kinder wichtig, damit sie später beziehungsfähig sind.

Der Mensch ist ein soziales Wesen. Den größten Teil seiner Zeit verbringt er in Interaktion mit anderen Menschen, von denen er mehr oder weniger abhängig ist, um leben und überleben zu können. In guten Zeiten mag uns das weniger bewusst sein, aber in schlechten Zeiten rücken wir sofort näher zusammen, um uns zu wärmen und durch Hilfe und Mithilfe gegenseitig zu erhalten. Da muss man zum Beweis noch nicht mal Kriegszeiten anführen, es reicht auch schon ein »Jahrhunderthochwasser« oder ein schreckliches Zugunglück – plötzlich stehen Menschen füreinander ein, die sich nie gekannt haben. Dank dieser Fähigkeit zu prosozialem Verhalten kann der Mensch als Spezies überleben. Wer also teilen, geben und helfen kann, bewirkt durch seine Hilfe für andere letztlich das eigene Überleben.

Glaubwürdig bleiben

Zum Teilen gehört jedoch auch das Behalten und zum Geben das Nehmen. Wer nicht fähig ist, nein zu sagen, dessen Ja gilt nichts! Stellen Sie sich einmal vor, Sie hätten eine Schwester, von der Sie wüssten, sie kann nicht nein sagen. Lieber würde sie einen eigenen, ihr wichtigen Termin absagen, bevor sie Ihnen die Bitte abschlägt, Ihr Kind für einen Nachmittag zu beaufsichtigen. Mit Sicherheit würden Sie ihre Hilfe nicht gerne in Anspruch nehmen. Hätten Sie aber eine Schwester, die ganz offen und ehrlich ablehnte, wenn sie die erbetene Hilfe nicht leisten könnte oder wollte, würde Ihnen die Bitte bestimmt nicht so schwer fallen.

Ebenso verhält es sich mit dem Teilen. Wenn Ihr Kind gezwungen wird, immer genau die Hälfte von dem abzugeben, was es geschenkt bekommt, wird es sein Geben nicht wirklich verstehen, weil es nicht freiwillig geschieht. Hingegen wird ein Kind, das auch einmal alles für sich behalten darf, in Zukunft ehrlich und von Herzen schenken können, denn es hat nie das Gefühl gehabt, zu kurz gekommen zu sein.

Geben und Nehmen in der Beziehung

Ohne Geben und Nehmen gibt es keine Beziehung. Verschiebt sich das Gleichgewicht von Geben und Nehmen nachhaltig, gibt also der eine Partner über längere Zeit nur noch, während der andere nur noch nimmt, gerät die Beziehung aus dem Gleichgewicht. Ausgenommen von dieser Regelung ist die Beziehung zwischen Eltern und Kind. Eltern geben, Kinder nehmen – und geben als Erwachsene an ihre eigenen Kinder zurück. Verschieben sich hier die Rollen von Geben und Nehmen, wenn also z. B. ein Kind die alkoholkranke Mutter versorgt, statt die Mutter das Kind, wird es psychische Schäden davontragen.

Im selben Maße, wie Kinder geben und nehmen lernen, werden sie fähig sein, sensibel auf andere Menschen zu reagieren, glückliche, ausgeglichene Freundschafts- und Liebesbeziehungen zu führen. Aus diesem Grunde ist es wichtig, ihnen sowohl das Teilen als auch das Annehmen – beides mit offenem Herzen – beizubringen.

Teilen, Schenken, kooperatives Verhalten, Retten oder Helfen – das alles sind Verhaltensweisen, die unter dem psychologischen Fachbegriff »prosoziales Verhalten« zusammengefasst werden können.

Unser Vorbild zählt!

Es gibt ein sehr aufschlussreiches Experiment, das 1967 von amerikanischen Verhaltensforschern durchgeführt wurde. Mädchen und Jungen im Alter von etwa zehn bis elf Jahren wurden zu einem Wettkampfspiel eingeladen, bei dem es Geschenkgutscheine zu gewinnen gab, die sie in einem Spielzeuggeschäft einlösen konnten. Ein Ziel dieses Experimentes war, herauszufinden, ob diese Kinder sich durch das beispielhafte Verhalten eines Erwachsenen dazu anregen ließen, etwas von ihren Gewinnen an ein Waisenhaus zu spenden. Das Ergebnis sollte zu denken geben! Von der Gruppe Kinder, die einen Erwachsenen dabei beobachten konnten, wie er einen Packen Gutscheine in einen Kasten schob, auf dem über einem Foto von Kindern in ärmlicher Kleidung zu lesen stand »Für die Waisenkinder von Trenton«, spendeten knapp die Hälfte einen Teil ihrer Bons ebenfalls. Von den anderen Kindern, die kein solches »Vorbild« beobachten konnten, spendete kein einziges.

Prosoziales Verhalten

Prosoziales oder altruistisches Verhalten orientiert sich am Vorbild. Aber auch andere, wechselhafte Faktoren spielen eine Rolle: die eigene Stimmung, das Gewissen, das mit der prosozialen Tat eventuell verbundene Risiko und die Fähigkeit, sich einzufühlen und daher mitzuleiden.

Es gibt unter den Psychologen unterschiedliche Meinungen, wie der Begriff »prosoziales Verhalten« zu definieren ist. Verhält ein Mensch sich nur dann prosozial, wenn er ohne Erwartung einer direkten oder indirekten Belohnung zum Nutzen anderer handelt? Oder verhält er sich auch prosozial, wenn er z. B. nur deshalb zum Nutzen anderer handelt, weil er negative Gefühle (schlechtes Gewissen, Schuldgefühle usw.) zu vermeiden sucht? Auch über die Frage, ob prosoziales Verhalten bei Mensch und Tier triebhaft bzw. angeboren oder allein durch Lernen angeeignet ist, scheiden sich die Geister. Ganz sicher ist aber, dass Kinder durch Beobachten lernen und dass prosoziales ebenso wie antisoziales Verhalten durch Vorbilder verstärkt werden kann.

Mit gutem Beispiel voran

Wenn also Eltern und andere Bezugspersonen geben und nehmen, teilen und behalten können und mit gutem Beispiel vorangehen, lernen dies auch ihre Kinder. Da allerdings kein Mensch eine Maschine ist, wird sich seine Bereitschaft zu prosozialem Verhalten von Mal zu Mal verändern. Seine Laune, wie er sich fühlen könnte, wenn er seine Hilfeleistung verweigert, die Einschätzung des Risikos, mit dem die zu leistende Hilfe verbunden wäre – all das sind Faktoren, die zu seiner Entscheidung beitragen.

Erziehung durch Druck schlägt fehl

Zu diesem Thema zuerst ein Experiment: Eine Gruppe von Kindern durfte mit fünf verschiedenen Spielsachen spielen, die der Projektleiter mitgebracht hatte. Dann verließ er den Raum, und bevor er ging, verbot er den Kindern mit sanfter Stimme und sanften Worten, mit dem Spielzeug zu spielen, das vorher durch Tests als zweitliebstes Spielzeug der Gruppe ermittelt worden war. Sein Verbot hörte sich etwa so an: »Ich möchte nicht, dass ihr während meiner Abwesenheit mit diesem Spielzeug spielt, es ist mir wichtig, dass ihr auf mich hört, wenn ihr doch damit spielt, wäre ich traurig.« Durch eine Blindglasscheibe beobachtete er die Kinder dann über einen gewissen Zeitraum und stellte fest, dass fast alle Kinder sein Verbot befolgten. Danach wiederholte er dasselbe Experiment mit einer anderen Gruppe. Diesmal sprach er das Verbot mit lauter Stimme und drohenden Worte aus, etwa: »... wenn ihr trotzdem damit spielt, werde ich euch bestrafen, und ihr dürft nie wieder mit einem meiner Spielzeuge spielen.« Von diesen Kindern spielten mehr als die Hälfte mit dem verbotenen Spielzeug. Und noch vier Wochen später, bei einem Aufbauversuch, interessierten sich die Kinder der zweiten Gruppe hauptsächlich für das verbotene Spielzeug, während die der ersten Gruppe kein Interesse daran hatten. Wenn Sie also bei Ihrem Kind etwas erreichen wollen, sprechen Sie ruhig, und drohen Sie nicht.

Das gute Beispiel im Märchen

Eltern sind für Kinder das wichtigste Vorbild. Aber auch Märchenhelden haben Vorbildfunktion und können helfen, Kindern den Sinn des Gebens und Teilens zu vermitteln. Da die Handlung eines Märchens abgeschlossen ist, können Kinder überblicken, welche Reaktionen die Aktionen der Märchenfiguren auslösen. Daraus ergibt sich für sie ein Bild, das gerade seiner Überschaubarkeit wegen sehr eindrucksvoll ist.

Das Gebot der Gegenseitigkeit ist eines der wichtigsten Gebote im sozialen menschlichen Gefüge. Darum helfen wir denen, die uns schon einmal geholfen haben, und vermeiden es, von Menschen Hilfe anzunehmen, denen wir sie nicht auf irgendeine Weise zurückgeben können.

Eine Hand wäscht die andere

Das Märchen vom Hund und den Mädchen, die nicht teilen wollten, beschäftigt sich mit dem Gebot der Gegenseitigkeit. Dieses Gebot ist eines der wichtigsten Gebote in zwischenmenschlichen Beziehungen – und das gilt für Arm so gut wie für Reich und für Schwarz so gut wie für Weiß. Wir helfen denen, die uns schon einmal geholfen haben, und jenen ungern, die uns geschadet haben. Daraus resultiert auch die Umkehrung: Wir nehmen eine Gefälligkeit unter Umständen nicht an, weil wir uns dann verpflichtet fühlen oder weil wir keine Möglichkeit sehen, uns zu revanchieren und unsere »Schulden« abzutragen. Auf der Basis von Gegenseitigkeit funktioniert Beziehung, und wer diese Spielregel nicht beachtet, wird schon bald keine Freunde mehr haben, von anderen keine Unterstützung erwarten können und schließlich aus dem sozialen Netz fallen. Dies ist im nachfolgenden Märchen sehr anschaulich und klar dargestellt. Eine kleine Geschichte, die zeigt, was dem passiert, der dieses Gebot verletzt.

Der Hund und die Mädchen, die nicht teilen wollten

Vor langer Zeit, niemand weiß wie lang, gingen einmal neun Mädchen spazieren. Unterwegs trafen sie einen schwarzen Hund und nahmen ihn mit. Als sie lange gegangen waren, kamen sie zum Haus der Riesenschlange, und weil es schon dunkel wurde, traten sie ein und ließen sich von ihr bewirten. Eines der Mädchen schlug vor, auch dem Hund etwas vom Essen abzugeben, aber die anderen sahen das nicht ein und fanden, das wäre Vergeudung.

»Aber wisst ihr denn nicht, dass auch ein Hund ein achtbares Geschöpf ist, so gut wie ein Mensch?«, fragte das Mädchen die Freundinnen, doch das war denen egal.

»Von mir bekommt er aber doch etwas!«, war das Mädchen beharrlich und gab ihm eine halbe Frucht, die er auch fraß.

Als sie endlich müde wurden, brachte die Riesenschlange die neun Mädchen in ein Zimmer mit neun Matten, wo sie sich auch gleich hinlegten und einschliefen. Die Riesenschlange kroch fort, aber später kam sie zurück und nahm allen Mädchen die Augen heraus. Sie versteckte sie in einer hölzernen Dose, dann schlich sie wieder fort, um die anderen Tiere herbeizuholen, damit sie die Mädchen töteten.

Die Schlange hatte aber den Hund vergessen. Der war still in der Ecke gelegen und hatte alles beobachtet, auch wo die Schlange die Augen versteckt hatte. Er nahm sich vor, das Mädchen, das eine Frucht mit ihm geteilt hatte, aus Dankbarkeit zu retten. Darum holte er ihre Augen aus dem Versteck und setzte sie ihr wieder ein. Dann erzählte er dem Mädchen, was die Riesenschlange vorhatte, und sagte: »Weil du dein Essen mit mir geteilt hast, will ich dich retten. Beeile dich, wir müssen fliehen!«

»Ich fliehe nicht ohne die anderen«, sagte das Mädchen, »darum bring mir auch die Augen der anderen, du weißt ja, wo sie sind.«

Der Hund weigerte sich jedoch. »Warum sollte ich sie retten,

wo sie mir nichts von ihrem Essen abgeben wollten?«, sagte er verärgert.
Doch das Mädchen gab nicht auf und bat von ganzem Herzen so lange, bis er schließlich auch die Augen der anderen holte und sie ihnen wieder einsetzte. Dann flohen sie, und als sie in Sicherheit waren, sagte der Hund zu den Mädchen: »Wenn eure Freundin mir nichts zu essen gegeben hätte und ich verhungert wäre, hätte ich euch nicht retten können. Dann hätten euch die Schlange und die anderen Tiere getötet. Da seht ihr, was euer Geiz bewirkt!«
Das war die Geschichte von dem Hund, der neun kleinen Mädchen das Leben rettete.

Geld und Liebe

Wie ein Mensch mit Geld umgeht, zeigt, wie er Wunsch und Wirklichkeit in Einklang bringt. Wer sich jeden Wunsch versagt, zügelt seine Gefühle eher und neigt in jeder Hinsicht zum Geiz. Wer sich alles erlaubt, wirkt unzuverlässig und haltlos.

Was hat Geld mit Liebe zu tun? Die Antwort ist: eine ganze Menge. Setzen Sie sich einmal in Ruhe hin, und denken Sie über die Menschen nach, die Sie gut kennen. Wie gehen die mit Geld um? Ausgeglichen oder eher »vernünftig«? Verschleudern sie es, oder geizen sie damit? Können sie mit Geld umgehen, oder verlieren sie den Überblick? Und dann überlegen Sie sich, wie diese Menschen mit Liebe umgehen. Sie werden überrascht sein, wenn Sie feststellen, dass in vielen Fällen der Umgang eines Menschen mit Liebe und mit Geld ganz ähnlich ist. Wer Geld verschleudert, wird meist auch in der Liebe maßlos sein, wer geizig ist, wird auch mit Gefühlen geizen, wer beim Geld leicht den Überblick verliert, wird auch in der Liebe unsicher sein usw.

Was für Erwachsene Geld ist, ist für kleinere Kinder Spielzeug oder Süßes. Dem messen sie ihren eigenen Wert bei, und entsprechend ihrer persönlichen Werteinschätzung hängen sie daran oder nicht. Süßes oder andere Nahrung wird im Unterbewusstsein oft mit Zuwendung in Verbindung gebracht.

Wer genügend hat, kann geben

Wie viel Zuwendung ein Kind bereit ist abzugeben, ist eng damit verknüpft, ob es davon überzeugt ist, dass jederzeit genug davon für es selbst vorhanden ist. Wenn sich ein Kind fortwährend weigert zu teilen, ist das ein Zeichen, dass es tief in seinem Innersten glaubt, zu kurz zu kommen. Ein ähnliches Problem kann vorliegen, wenn ein Kind immer alles haben will. Entweder es versucht ein Defizit im emotionalen Bereich auszugleichen, oder es hat nicht gelernt, Werte zu achten. Lassen Sie vielleicht selbst das teure Rad im Regen stehen?

Verschleudert ein Kind hingegen seine Schätze, kann es möglich sein, dass es auch die Zuwendungen, die es bekommt, nicht schätzen kann, weil es entweder verwöhnt ist oder die Erfahrung gemacht hat, dass Zuwendung nicht von Herzen kommt, sondern nur als Mittel zum Zweck dient.

Um Liebe und Besitz dreht sich auch das zweite Märchen vom Teilen. Auf sehr humorvolle Art macht uns das Märchen von einem zänkischen Ehepaar klar, dass nur wer gibt auch bekommen wird.

Der Hahn, der Eier legen sollte

Vor vielen Jahren lebte einmal ein Mann mit seiner Frau. Beide waren schon so alt, dass sie ihre Namen vergessen hatten, und dabei auch noch so streitsüchtig, dass sie den ganzen Tag nichts als stritten. Sie wohnten in einer einfachen Hütte und besaßen nur ein paar Sachen, dazu ein Huhn und einen Hahn.

Eines Morgens, als der Alte noch schlief, begann die Frau, die Sachen zusammenzupacken. Davon wurde der Alte wach und fragte ärgerlich: »Alte, was machst du denn da?«

»Meine Sachen pack ich zusammen!«, sagte sie.

»Das geht doch nicht, du kannst doch nicht einfach nehmen, was dir gefällt. Dann müssen wir zum Richter gehen, damit er entscheidet, wem von uns was gehört.«

Damit war die Alte einverstanden, und so gingen sie also zum Richter, damit er sie scheiden sollte und sagen, was jeder von ihnen behalten durfte.

»Es ist mir unmöglich, noch länger mit diesem Mann zu leben«, sagte die Frau zum Richter. »Wir leben schon so lange miteinander, dass wir nicht einmal mehr unsere Namen wissen! Und wir können uns nicht mehr ertragen! Deshalb bitten wir dich, für uns den Haushalt zu teilen.«

»Wenn ich für euch teilen soll, müsst ihr mir zuerst sagen, was ihr besitzt.«

»Nicht viel mehr als ein Huhn und einen Hahn, Herr«, sagte der Alte.

»Das ist einfach zu teilen«, sagte der Richter. »Der Hahn kommt zum Mann, das Huhn kommt zur Frau.« Und weil das Wort des Richters Gesetz war, geschah es auch so. Die Alte holte sich das Huhn, und dem Alten blieb nur der Hahn.

So hatte von nun an die Alte jeden Tag die Eier, die ihr Huhn legte, ganz für sich alleine und ward damit satt und zufrieden. Der Alte aber hatte gar nichts, weil sein Hahn immerzu nur fraß, aber nichts hergab. Als ihn nun eines Tages der Hunger so sehr plagte, dass er es nicht mehr aushielt, ging er zu der Alten und bat sie um ein Ei, aber die gab ihm keins und schrie ihn nur an: »Soll dir doch dein Hahn ein Ei legen!«

Darauf ging der Alte wieder nach Hause, und als er den nichtsnutzigen Hahn sah, wurde er so wütend, dass er ihn

packte und anschrie: »Nichts als fressen kannst du, und ich muss verhungern! Warum kannst du keine Eier legen?« Und dabei schlug er den Hahn, dass der um sein Leben bangte und aus lauter Verzweiflung schrie: »Lass mich los, lass mich los, ich werde Eier legen!«

Als der Alte tatsächlich losließ, rannte der Hahn sofort weg, aber nach einiger Zeit kam er ganz aufgeregt wieder und sagte dem Alten, er solle seine Jacke ausbreiten, denn er würde jetzt ein Ei legen. Das tat der Alte auch. Er breitete seine Jacke aus, der Hahn setzte sich sofort darauf, machte gaagh-gaagh, und heraus fiel ein Stein, den er am Tag zuvor verschluckt hatte. Darüber war der Alte so zornig, dass er den armen Hahn gleich wieder packte und schlug, dass ihm Hören und Sehen verging, bis der Hahn es endlich schaffte, sich zu befreien und zu entwischen. Eine Weile danach kam er aber zurück und rief ganz aufgeregt: »Alter, breite die Jacke aus, ich lege jetzt ein Ei!«

Da freute sich der Alte, dass der Hahn endlich zu was nütze sein wollte, und breitete die Jacke aus, der Hahn setzte sich drauf und machte pfft! – pfft! – aber mehr als schlechte Luft kam dabei nicht heraus. Da packte der Alte den Hahn wieder und schlug ihn windelweich. Nur mit Müh und Not gelang es ihm, sich loszureißen und das Weite zu suchen. Der Hahn rannte, so schnell er nur konnte, flatterte dabei mit den Flügeln und schrie und heulte ganz elendiglich. Und so kam er immer weiter fort, und irgendwann war er auf dem Land des Richters.

»Was ist das für ein Vogel, der da gar so erbärmlich schreit?«, wollte der Richter wissen und befahl seinen Dienern, ihn zu fangen und, falls man ihn essen könnte, ihn bis zum Mittag in die Truhe mit dem Gold zu sperren. So kam der Hahn in die

Goldtruhe des Richters, und dort schluckte er ein Goldstück nach dem anderen, immer mehr, bis er den ganzen Bauch voll davon hatte. Darauf begann er wieder so elendiglich zu schreien, worauf der Richter befahl, ihn aus der Truhe zu holen, weil er das Geschrei nicht mehr länger ertragen konnte.

Als der Hahn aus der Truhe war, begann er, voller Angst immer auf und ab zu laufen und mit den Flügeln zu schlagen, und dabei verschluckte er aus Versehen auch noch das ganze Vieh des Richters. Die Diener wollten ihn packen, doch da gelang dem Hahn die Flucht, und er lief, so schnell er konnte, davon, immer weiter und weiter, bis er schließlich ein Haus sah, und das war das Haus des Alten.

»Alter! Alter«, schrie da der Hahn ganz aufgeregt, »breite nur schnell deine Jacke aus, jetzt lege ich ein Ei für dich, ich kann es schon kaum mehr halten!«

Aber der Alte glaubte ihm nicht mehr. »Du und ein Ei legen«, schrie er, »wann hättest du das je gekonnt!«

»Mach schnell, mach schnell«, rief der Hahn, »es kommt gleich, das Ei, nun mach schon!«

Der Alte breitete endlich die Jacke aus, der Hahn setzte sich drauf und gaagh! gaagh! fielen alle Goldmünzen heraus und pfft! pfft! das ganze Vieh des Richters.

Man kann sich vorstellen, wie sich der Alte freute, denn nun war er endlich reich und hatte immer zu essen.

Es dauerte gar nicht lang, da kam die Alte zu ihm. »Alter«, sagte sie, »du hast so viel, und ich bin arm und habe nichts zu essen. Ich bitte dich, gib mir ein Lamm.«

Aber das tat der Alte nicht. »Einmal, als ich Hunger hatte, kam ich zu dir und wollte ein Ei, aber du hast es mir nicht gegeben. Frag dein Huhn, dass es dir ein Lamm legt, von mir jedenfalls kriegst du es nicht.«

Da ging die Alte zornig nach Hause, packte ihr Huhn und schrie es an: »Du dummes Federvieh, du kannst nichts anderes als Eier legen! Und was ist mit den anderen Sachen?« Und dazu schlug sie das Huhn und schlug so lange, bis es tot war. Da hatte sie gar nichts mehr, auch keine Eier. Der Alte aber war reich und wurde immer reicher und lebte zusammen mit seinem Hahn bis an sein Ende.

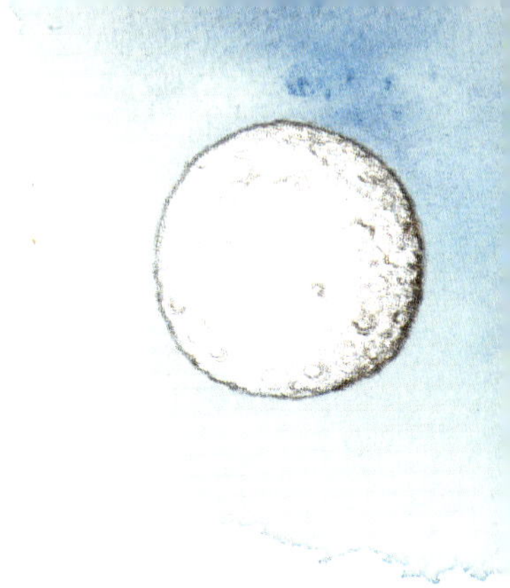

Auf Ehre und Gewissen

»›Weil du dein Versprechen nicht gehalten hast, nahm ich zurück, was ich dir gegeben hatte‹, sagte der Adler und flog für immer davon.«

Mit einem Versprechen zeigt man die Bereitschaft, das Vertrauen, das einem ein anderer schenkt, zu würdigen und die Konsequenzen zu tragen, die aus dieser Gemeinschaft entstehen. Dieser »Vertrag« wird nicht schriftlich festgehalten, sondern basiert auf gegenseitiger Wertschätzung. Kinder lernen mit dieser Art von Abkommen, sich selbst und den anderen ernst zu nehmen und was es heißt, für etwas einzustehen.

Was ist dein Versprechen wert?

Wenn es um ein Versprechen geht, geht es immer um etwas Wichtiges, das liegt in der Natur der Sache. Unwichtiges braucht kein Versprechen. Ein Versprechen ist also immer etwas Kostbares.

Wenn Kinder lernen sollen, Versprechen zu halten, müssen sie erfahren haben, dass Versprechen gehalten werden. Solche Regeln geben nicht nur Sicherheit, sondern sie schaffen auch eine klare, verlässliche Beziehung und geben einen Rahmen zur Entwicklung der Persönlichkeit.

Wenn ein Mensch einem anderen ein Versprechen gibt, geht er auf sein Bedürfnis nach Liebe oder Sicherheit ein. Er sagt damit: »Ich werde dich nicht verraten, für dich da sein, dich in einer schlimmen Situation nicht allein lassen!« – oder auch nur: »Ich werde pünktlich sein, dich abholen, dich anrufen, dir etwas mitbringen.« Der andere, der das Versprechen »nimmt«, verlässt sich darauf und erhofft sich etwas, das ihm offensichtlich sehr wichtig ist.

Versprechen stärken die Freundschaft

Versprechen, die sich Kinder geben, sind in vielen Fällen mit Geheimnissen verbunden. Wenn Babsi zu Iris sagt: »Ich erzähle dir etwas, wenn du mir versprichst, es nicht weiterzuerzählen«, dann sagt Babsi damit außerdem auch: »Ich vertraue dir, ich mag dich, du bist mir mehr wert als sonst jemand.« Umso schlimmer ist es, wenn Iris dann das Versprechen bricht. Sie hat nicht nur einen Menschen enttäuscht und seine Freundschaft verspielt, sie hat auch ihre Glaubwürdigkeit eingebüßt. Hingegen bindet ein gehaltenes Versprechen zwei Menschen aneinander, denn sie teilen dadurch ja etwas ganz Besonderes. Babsi gibt Iris durch das Vertrauen, das sie ihr schenkt, außerdem die Möglichkeit zu beweisen, dass Verlass auf sie ist. Kann Iris diesen Beweis erbringen, will sagen, schafft sie es, ihr Versprechen einzulösen, macht sie dadurch einen starken Entwicklungsschub.

Erwachsene sollten deshalb Kinder nie dazu nötigen, Versprechen zu brechen, es sei denn, es liegen wirklich zwingende Gründe vor. In solchen Ausnahmefällen müssen dem Kind allerdings tiefgründige Argumente geliefert werden, damit es sein Gesicht nicht verliert.

Nein sagen zu Verlockungen

Um ein Versprechen halten zu können, muss das Kind auch imstande sein, Verführungen und Verlockungen zu widerstehen und zu differenzieren. Versprechen, die durch andere Versprechen abgepresst werden, sind nur sehr selten mit Freundschaft oder anderen Werten verbunden, sondern eher mit zweifelhaften Dingen, schlechtem Gewissen, Verlusten. »Wenn du mir versprichst, dass du niemandem davon erzählst, schenke ich dir meinen Gameboy.«

Das Froschkönigsyndrom

Wir erinnern uns bestimmt alle an dieses Märchen: Der Prinzessin fiel ihr liebstes Spielzeug in den Brunnen, eine goldene Kugel von hohem Wert. Sie sah keine andere Möglichkeit, ihr Lieblingsspielzeug wieder zu bekommen, als dem Frosch ein Versprechen zu geben, das sie völlig überforderte – er begehrte nämlich, mit von ihrem Teller essen und mit in ihrem Bett schlafen zu dürfen! Der Frosch seinerseits wusste, dass die Erfüllung seines Traumes von der jungen und sehr schönen Prinzessin nie auch nur die geringste Chance hatte, es sei denn, dass er sie irgendwie zu diesem Versprechen verleiten konnte. Also nutzte er ihre Notlage aus und presste es ihr ab.

Ein Versprechen ist ein Vertrag zwischen zwei Partnern. Auch der, der sich das Versprechen geben lässt, ist dabei in der Verantwortung. Wenn er es wirklich ernst meint, wird er das Seinige dazu beitragen, dass der Vertrag eingehalten wird.

Ein Versprechen ist also genauso viel wert wie die Umstände, unter denen es gegeben wurde. Darum ist wichtig: Wer sein Kind dazu erziehen will, gegebene Versprechen einzulösen, sollte von ihm nur solche Versprechen fordern, die es halten kann. Und natürlich sollte auch das Kind aufgefordert werden, niemals jemandem ein Versprechen abzunehmen, von dem es genau weiß, dass es der andere nicht einhalten kann, weil es ihn in irgendeiner Weise überfordert. Weil Kinder an erster Stelle durch Beobachten und Nachahmen lernen, ist es wichtig, dass Eltern Versprechen möglichst immer halten.

Wenn der geschiedene Ehemann und Vater dem Kind z. B. verspricht, er hole es am Wochenende ab, und dann nicht kommt, lernt das Kind die Formel: Versprechen werden nicht eingehalten und sind deshalb wertlos. Spätestens nach dem dritten Mal hat das Kind diese Erfahrung verinnerlicht.

Mit Versprechen umsichtig umgehen

Ein Mensch kann nur dann einem Versprechen vertrauen, wenn er selbst fähig ist, ein Versprechen zu halten. Er weiß nämlich nur dann, was dazu nötig ist, und kann daraufhin abschätzen, ob sein Gegenüber zu dieser Leistung die nötigen Voraussetzungen mitbringt.

Dazu ein Fallbeispiel: Ein 36-jähriger Mann kommt zur psychotherapeutischen Beratung, weil er bereits zum dritten Mal in Scheidung lebt und »ahnt«, dass seine Beziehungsprobleme etwas mit den Ereignissen aus seiner Kindheit zu tun haben könnten. Sein Vater, ein mürrischer und gewalttätiger Mann, schlug nicht nur den Sohn regelmäßig, sondern auch die Mutter. Die Mutter, so der Eindruck des Mannes, war dem Vater irgendwie hörig. Sie hasste ihn und vergötterte ihn gleichzeitig. Wenn sie glaubte, die Gewalttätigkeiten ihres Mannes nicht mehr aushalten zu können, drohte sie ihm damit, ihn zu verlassen. Dann versprach ihr der Vater alles Mögliche und bat so lange, bis sie bereit war zu bleiben. Diese Versprechen wurden aber niemals eingehalten.

Dasselbe Spiel lief auch zwischen Mutter und Sohn. War er »böse«, drohte sie ihm, am Wochenende alles dem Vater zu erzählen, es sei denn, er würde ihr versprechen, in Zukunft immer brav zu sein oder Ähnliches. Weil der Junge große Angst vor den Prügeln hatte, versprach er alles, was die Mutter wollte. Es dauerte aber nie lange, bis er die Versprechen brach. Mit dem Ergebnis, dass ihn die Mutter zuerst beschimpfte: »Du bist wie dein Vater, nie hältst du ein Versprechen!« und dann doch an den Vater verriet, um ihm seine gerechte Strafe zuteil werden zu lassen.

Der Schatten der Vergangenheit

In weiteren Gesprächen mit dem Mann zeigt sich, dass auch die Mutter einen Vater gehabt hatte, der seine Versprechen nicht gehalten hatte, und nach und nach wurde klar, dass sie das Verhalten ihres Mannes und ihres Sohnes immer wieder heraufbeschwor, um sich in Leidensdruck zu bringen und zu beweisen, dass alle Männer ihre Versprechen nicht hielten.

Was da zwischen Mutter und Sohn abläuft, zeigt deutlich, dass es sich bei einem Versprechen um einen Vertrag handelt, der zwischen beiden Partnern geschlossen wird. Dabei ist nicht nur der, der verspricht, in der Verantwortung, sondern auch der, der sich etwas versprechen lässt – und natürlich erst recht, wenn Letzterer erwachsen ist und Ersterer ein Kind.

Abkaufen durch Versprechen

Abkaufen durch Versprechen ist immer wieder ein beliebter Handel zwischen Eltern und Kindern – allerdings einer, der meist als Schuss nach hinten losgeht. »Wenn du jetzt schön brav bist und mich in Ruhe arbeiten lässt, dann gehen wir nachher ein Eis essen!« In dieser Botschaft steckt aber nicht nur das Versprechen auf ein Eis, sondern auch die Aufforderung, nicht brav zu sein, wenn man ein Eis haben möchte.
Kinder, die mit Hilfe solcher Versprechen in Schach gehalten werden, verinnerlichen dieses Verhalten und tragen es in ihre Außenbeziehungen. Da kann es dann schon mal sein, dass die Mutter entsetzt hört, wie ihr kleiner Liebling zum Freund sagt: »Wenn du mir dein Auto schenkst, darfst du morgen wieder zum Spielen kommen.« Spätestens dann sollte sie anfangen, ihre Erziehungsmethoden zu hinterfragen.

Um den Finger gewickelt

Schwierig wird es, wenn ein Kind weiß, dass beide Elternteile ihre Versprechen halten, und das für seine Zwecke einsetzt. Es will beispielsweise etwas haben und bittet zuerst den nachgiebigeren Elternteil. Wenn dann der andere nein sagt, ist es schon zu spät. Die Eltern wollen sich nicht gegenseitig in den Rücken fallen. Vielleicht sind sie zu sehr auf Harmonie bedacht und scheuen deshalb Auseinandersetzungen, vielleicht stehen beide unter Stress und haben den Kopf ganz woanders. Wenn ein Kind diese Manipulation allzu oft versucht, sollten Sie mit ihm sprechen, weshalb es seine Wünsche nicht offen und ehrlich ausdrücken kann. Es macht auch nichts, sondern es gibt im Gegenteil Sicherheit, wenn ein Kind erlebt, wie sich seine Eltern um einen Kompromiss bemühen – zu seinem Wohl.

Wer einem Menschen zutraut, ein Versprechen zu halten, wertet ihn auf, denn er vertraut sein Schicksal zu einem kleinen Teil dem anderen an, er baut auf ihn. Ein gehaltenes Versprechen vertieft die Bindung und die Freundschaft.

Aufstieg und Fall eines Königs

Das nachfolgende Märchen stammt aus Afrika und unterstreicht sehr eindrucksvoll, wie viel Bedeutung ein Versprechen haben kann und wie unermesslich wichtig es ist, ein gegebenes Versprechen zu halten.
Ein Adler, der hier für eine schicksalhafte Macht oder das Göttliche steht, errettet einen Mann, der völlig vereinsamt mitten im Urwald in einer verfallenen Stadt mehr dahinvegetiert als

Vielleicht erklärt sich mit dem Ende des Märchens auch der elende Zustand des Mannes zu Beginn. Es könnte ja sein, dass er schon einmal ein Versprechen nicht gehalten hat und bestraft wurde. Daher ist es durchaus sinnvoll, vorsichtig zu sein, bevor man jemandem vertraut.

lebt. Ruin, Verfall, Isolation, Hunger sind die Bilder, mit denen das Märchen hier den inneren Zustand des Mannes beschreibt. Kein Lebewesen sieht ihn mehr, kümmert sich, glaubt an ihn – nur dieses eine, der Adler eben, hat noch ein wenig Mitleid und gibt ihm ab und zu etwas Nahrung, also Zuwendung, zum Überleben.

Wir wissen nicht, wie der Mann in diese schlimme Situation gekommen ist. Das Thema des Märchens und der Schluss suggerieren aber, dass er sich schon früher einmal als der Zuneigung anderer nicht wert erwiesen hat und so in diesen Zustand der Isolation geraten ist.

Die Geschichte kommt in Bewegung, als der Adler beschließt, den Mann aus seiner Isolation zu befreien. Er tut es, indem er ihm ein Versprechen abnimmt. Nur das passiert vorerst: Der Adler wertet den Mann auf, indem er ihm zutraut, ein Versprechen einzuhalten. Einzig und allein aufgrund des Versprechens, das er dem Adler gibt, wird der Mann, der vorher so einsam und hungrig dahinvegetierte, zum beliebten und »erfolg-reichen« König eines ganzen Landes.

Ein allzu hoher Preis

Glück und Reichtum sind ihm nun beschieden, und er erlebt sieben »fette Jahre«, in denen er nie wieder etwas vom Adler hört oder sieht. Doch natürlich kommt der Adler eines Tages zurück und stellt das Wort des Mannes auf die Probe. Er legt zwei Eier in sein altes Nest und brütet zwei kräftige Junge aus, welche die Neugierde und Habgier des Kindes, das der Mann inzwischen hat, erwecken. So lange bittet und bettelt das unverständige und verwöhnte Kind, bis der Mann schließlich dem fortwährenden Drängen nachgibt und die Jungen des Adlers aus dem Nest holen lässt.

Aber damit hat er sein Versprechen gebrochen, und nun muss er sich verantworten. Er ahnt schon, was ihm droht, denn mit aller ihm zur Verfügung stehenden Macht versucht er die Konsequenzen abzuwehren. Doch es nützt nichts: Alles, was ihm einst durch die Zuwendung des Adlers geschenkt worden war, wird ihm nun wieder genommen – und noch mehr sogar, denn jetzt hat er ja auch die Freundschaft des Adlers verloren und ist einsamer als je zuvor.

Vom Versprechen, das ein Mann einem Adler gab

Es war einmal ein Mann, der hatte niemanden mehr, der sich um ihn kümmerte. Er lebte ganz alleine in einer verlassenen und verfallenen Stadt mitten im Urwald, und niemand wusste davon. Aber der Mann war nicht nur einsam und halb verhungert, er sah auch schrecklich aus. Sein Körper war voller Pusteln und völlig abgemagert, seine Augen hatten schwarze Ringe und waren tief eingesunken, seine Lippen waren vertrocknet und reichten nicht mehr über die Zähne. So lebte der Mann, ohne je mit einem Menschen zu sprechen, und auch die Tiere wagten sich kaum in seine Nähe. Das einzige Lebewesen, das ihn noch beachtete, war ein Adler, der in einem Baum am Rande der verfallenen Stadt nistete und zwei Eier ausbrütete. Und weil der Adler Mitleid hatte, gab er dem Mann jeden Tag ein Stück von seiner Beute ab, damit er nicht verhungern musste.

Eines Tages hatte der Adler so großes Mitleid mit dem Mann, dass er ihn fragte: »Falls ich dich rette, willst du mich dann auch retten?« – »Ja, das will ich!«, sagte der Mann. – »Und du versprichst, alles genau so zu tun, wie ich es sagen werde?«, fragte der Adler. »Ja«, versprach der Mann. Da flog der Adler auf den höchsten Wipfel des Baumes und wiederholte seine Frage: »Falls ich dich rette, willst du mich dann auch retten, versprichst du das?« – »Ja«, versprach der Mann aufs Neue. Da verlangte der Adler, dass er die Augen schließen und bald wieder öffnen sollte, und das tat der Mann und fand sich plötzlich inmitten einer schönen, großen Stadt. Und wieder befahl ihm der Adler, die Augen zu schließen, und als der Mann sie neuerlich öffnete, standen da noch sieben Häuser, die waren bis unters Dach mit Gold und Silber gefüllt. Und so ging es weiter: Schöne Paläste kamen dazu, Tiere für Haus und Stall, eine wunderschöne Frau, und schließlich fielen auch die Pusteln von dem Mann ab, und er hatte wieder eine glatte Haut und sah auch sonst so gut aus wie vor seinen schlimmen Jahren. Schließlich befahl der Adler dem Mann, sich genau umzusehen. »Alles, was du hier siehst, gehört von nun an dir, und du sollst König über Land und Leben sein!«

Hierauf flog der Adler fort, und der Mann regierte sieben Jahre zu aller Zufriedenheit. Nach sieben Jahren aber

kehrte der Adler zurück, legte zwei Eier in sein altes Nest und brütete sie aus. Die Jungen waren gesund und kräftig, und ihr Geschrei war weithin zu hören. Nun hatte aber auch der Mann inzwischen ein Kind, und das hörte die Schreie der Adlerjungen und bat seine Mutter, ihm die Tiere bringen zu lassen. Darauf ging die Frau zum Mann und erzählte ihm vom Wunsch des Kindes, aber der sagte: »Wir verdanken dem Adler alles, was wir haben, den ganzen Reichtum und unser Glück. Dafür habe ich versprochen, ihm zu helfen, und das Versprechen muss ich halten. Das Kind soll mit anderen Spielsachen spielen!«

Doch das Kind wollte nur noch die kleinen Adler und bat jeden Morgen, wenn es das Schreien hörte, dass man ihm die Tiere bringen sollte. Immer wieder baten Frau und Kind, und lange hielt sich der Vater an sein Versprechen, aber einmal wurde er doch schwach, und da befahl er, die Adlerjungen aus dem Nest zu holen. Der Adler schrie vor Entsetzen und Schmerz, weil man ihm die Jungen genommen hatte, und weil das anklagende Geschrei nicht aufhörte, ließ der Mann alle Musikanten aus seinem Königreich kommen, damit sie es mit ihrer Musik übertönten.

Nach drei Tagen waren die jungen Adler vor Kummer gestorben, und am Morgen des vierten Tages rief der alte Adler den Mann zu sich. »Schließ deine Augen«, befahl er wie damals, nannte ihn dabei aber nicht mehr König, sondern Waise. Doch der Mann wollte den Befehl nicht hören und befahl darum seinen Musikanten, umso lauter zu spielen. So ging das hin und her. Immer wenn die Musikanten einen Moment aussetzten, um ein neues Lied anzustimmen, hörte der Mann den Adler, der ihm befahl, die Augen zu schließen, und jedes Mal befahl dafür der Mann den Leuten umso mehr, nicht nachzulassen und noch lauter zu spielen. Aber irgendwann wurde der Mann so müde, dass er die Augen nicht mehr aufhalten konnte. Er schloss sie, und als er sie wieder öffnete, war alles verschwunden, was ihm der Adler einst zum Geschenk gemacht hatte. Er war wieder dort im Urwald in der verlassenen und verfallenen Stadt, er war wieder mit Geschwüren bedeckt, hässlich und einsam. »Weil du dein Versprechen nicht gehalten hast, nahm ich zurück, was ich dir gegeben hatte«, sagte der Adler, dann flog er für immer davon.

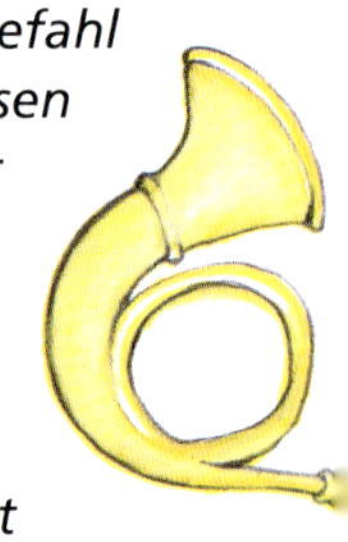

Dankbarkeit und Versprechen

Ein Versprechen zu halten, wie der Mann im Märchen dem Adler gegenüber, heißt auch, sich dankbar zu zeigen für eine erwiesene Freundlichkeit oder Hilfeleistung. Einem Kind das beizubringen bedeutet auch, es selbst ernst zu nehmen. Nur wenn ein Kind den eigenen Wert kennt, kann es auch den Wert anderer Menschen begreifen. Dann wird klar, dass Undankbarkeit die Gefühle desjenigen verletzt, der einem etwas gegeben hat. Wenn ein Kind diese Sensibilität entwickelt, wird es auch sehr schnell spüren, ob eine Zuwendung von Herzen kommt oder nur eine leere Geste ist.

Ein Kind kann nur dann ein Versprechen halten, wenn es über eine gewisse Reife verfügt und sich andererseits an erwachsenen Vorbildern orientieren kann, die fähig sind, gegebene Versprechen auch zu halten.

Das innere Kind und der innere Erwachsene

Vielleicht wird sich nun mancher Leser fragen, weshalb der Konflikt in diesem Märchen von den Kindern des Adlers und des Mannes heraufbeschworen wird und nicht von ihnen selbst. Hier lenkt das Märchen unser Augenmerk sehr geschickt auf die Tatsache, dass es das Kind in uns Menschen ist, das ein Versprechen bricht. Vielleicht aus Leichtfertigkeit, vielleicht auch aus Geltungssucht oder Habsucht – jedenfalls ist es eine Handlung, die durch das Gefühl bestimmt ist. Nur wenn der erwachsene Persönlichkeitsanteil im Menschen gereift ist, kann er ein Versprechen halten. Der Mann in unserem Märchen hat also den Kontakt zu seinem inneren Erwachsenen verloren und erliegt der Habsucht seines inneren Kindes – und wie wir sehen, ist er daran zerbrochen!

Das Böse im Menschen

Das zweite Märchen kommt aus Indien. Es zeigt die beiden möglichen Wege auf – den, ein Versprechen zu halten, und den, ein Versprechen zu brechen. Und alle vier »Märchenhelden« haben die Konsequenzen ihres Tuns zu tragen. Der Prinz – der das Böse im Menschen verkörpert – wird mit dem Tod bestraft, die drei Tiere, die sich besser zeigen als der Mensch, werden vom König erhöht und leben fortan als Freunde in dessen Palast. Das Märchen ist in seiner Symbolik so klar und behandelt das Thema so unumwunden, dass es das, was weiter oben bereits gesagt wurde, ausmalt und keiner zusätzlichen Erläuterungen mehr bedarf.

Vom Dank der Tiere und dem Undank des Prinzen

Es herrschte einmal ein König, der hatte einen bösen und herzlosen Sohn, der bei allen verhasst war. Eines Tages wollte dieser Prinz im Fluss baden, aber kaum war er im Wasser, zog eine große Regenwolke auf und vertrieb ihm die Sonne. Da rief der Prinz nach seinen Sklaven und befahl ihnen, ihn sofort in die Mitte des Flusses zu tragen, wo noch ein letzter Sonnenstrahl war, und ihn dort zu baden.

Die Sklaven aber harrten schon lange nach einer günstigen Gelegenheit, den Menschenschinder und Bösewicht loszuwerden, und jetzt endlich war sie da. Sie tauchten ihn unter Wasser und ließen ihn los, und dann gingen sie in den Palast zurück und meldeten, dass er ihnen in der Dunkelheit der Regenwolken abhanden gekommen sei.

Der König ließ nach ihm suchen, aber niemand fand ihn, und so glaubte man, dass der Prinz ertrunken sei. Doch er hatte Glück gehabt und einen schwimmenden Baum ergreifen können, und so trieb er im reißenden Fluss bei strömendem Regen dahin, ohne dass ihn jemand bemerkte.

Auch eine Ratte, eine Schlange und ein Papagei fielen durch ein Unglück ins Wasser und konnten bei dem starken Unwetter nicht an Land zurückschwimmen. Wie der Prinz retteten sie sich mit allerletzter Mühe auf den Baumstamm, und so trieben sie alle zusammen den Fluss hinunter. Vielleicht wären sie ertrunken, wenn da nicht ein frommer Einsiedler gewesen wäre, der das Angstgeschrei des Prinzen hörte und alle vier unter Lebensgefahr aus dem Wasser fischte. Er brachte sie in seine Hütte, zündete ein Feuer an, wärmte sie und gab ihnen zu essen. Der Prinz aber, der ein böses Herz hatte, ärgerte sich darüber, dass der Einsiedler den Tieren genauso viel Ehrerbietung erwies wie ihm, der doch ein Prinz war, und schwor ihm darum im Stillen Rache.

Als einige Tage später der Regen aufgehört hatte und alle wieder bei Kräften waren, verabschiedeten sich die Tiere und der Prinz vom Einsiedler, um ihrer Wege zu gehen. Die Schlange züngelte ehrerbietig und sagte: »Einsiedler, Ihr habt mir das Leben gerettet, und darum möchte ich Euch einen Schatz schenken, von dem ich weiß und den ich seit Jahren bewache.

Wenn Ihr Geld braucht, dann kommt nur zu mir, ich wohne da und dort, und Ihr braucht nur nach mir zu rufen.«
Dasselbe sagte die Ratte. Auch sie wusste von einem Schatz, und wenn er einmal Geld benötigte, bräuchte er nur zu ihr zu kommen. Der Papagei aber sprach: »Mit Geld kann ich Euch nicht dienen, ehrwürdiger Mann, wenn Ihr aber einmal wilden Reis braucht, so kommt nur zu mir, ich werde mit meinen Verwandten zusammen so viel für Euch sammeln, wie Ihr nur wollt.«

Auch der Prinz zeigte sich beim Abschied dankbar. »Wenn ich einmal König geworden bin«, sagte er zum Einsiedler, »dann kommt nur zu mir, gerne werde ich Euch mit allem versorgen, was ein Mann zum Leben braucht.« Aber im Stillen dachte er: »Soll er nur kommen, dann werde ich ihn töten, damit er nie wieder einen Prinzen mit einer Ratte und einer Schlange gleichstellt.«
Bald danach wurde der Prinz zum König gekrönt. Da beschloss der Einsiedler, die vier von ihm Geretteten auf die Probe zu stellen. Als Erstes ging er zur Höhle der Schlange, rief ihren Namen und freute sich zu sehen, dass sie auf der Stelle erschien und ihm den Schatz anbot. Aber der Einsiedler wehrte ab. »Noch brauche ich ihn nicht«, sagte er und ging weiter zur Ratte. Auch die kam sofort aus ihrer Höhle und bot ihm den Schatz an, aber wieder lehnte der Einsiedler dankbar ab. Schließlich fand er auch den Papagei, und da ging es genau wie bei der Schlange und der Ratte. Sofort erbot sich der Vogel, wilden Reis für den Einsiedler zu sammeln, aber der wehrte freundlich ab und sagte: »Sollte ich den Reis einmal brauchen, werde ich es dir sagen.«

Zuletzt ging der Einsiedler weiter zum Palast des Königs, und gerade als er in der Stadt ankam, ritt der junge König auf einem prächtig geschmückten Elefanten aus den Toren seines Palastes, um mit seinem Gefolge einen Umzug abzuhalten. Als er den Einsiedler sah, dachte er: »Der Schurke ist bestimmt gekommen, um mich arm zu machen. Aber nichts da, ich werde ihm den Kopf abschlagen lassen!« Er rief nach seinen Dienern und befahl, den Einsiedler zu ergreifen, ihn auf den Richtplatz vor die Tore der Stadt zu führen, ihn dabei an jeder Straßenkreuzung auszupeitschen und ihn schließlich zu köp-

fen. Die Diener gehorchten. Sie ergriffen den Mann, führten ihn zum Richtplatz und peitschten ihn dabei an jeder Straßenkreuzung aus. Aber statt zu jammern und um Gnade zu flehen, sprach der Einsiedler jedes Mal laut den Vers:

Der König ist ein falscher Mann,
von dem mit Recht man sagen kann,
fischt einer aus dem Wasser ihn,
ist bald sein eignes Leben hin!

Das hörten die Leute, und schließlich fragten sie ihn, warum er immer wieder diesen Vers sagte. Da erzählte der Einsiedler die ganze Geschichte, worüber sich die Menge aufs Tiefste empörte. »Was sollen wir mit so einem falschen König, der so undankbar ist und seine Versprechen bricht!«, schrien sie aufgebracht. »Der verräterische König soll sterben!« Dann gingen sie alle dorthin, wo der König mit seinem Gefolge gerade durch die Stadt zog, beschossen ihn mit Pfeilen und töteten ihn. Schließlich setzten sie den guten Einsiedler als neuen König auf den Thron und waren zufrieden mit ihm, denn er erwies sich als gütiger und gerechter Herrscher.

Eines Tages beschloss der neue König, die Schlange, die Ratte und den Papagei nochmals auf die Probe zu stellen. Wieder begab er sich als Erstes vor die Höhle der Schlange und rief nach ihr, und sofort erschien sie und bot ihm den Schatz an. Er ließ den Schatz von seinen Dienern in die königliche Schatzkammer bringen und lud die Schlange ein, mit ihm in den Palast zu kommen. Dann ging er zur Ratte, und auch sie gab ihm sofort den Schatz und war danach bereit, die Einladung des Königs anzunehmen. Schließlich suchte er noch den Papagei auf, und auch er wollte sofort sein Versprechen einlösen, aber der König winkte dankend ab und sagte: »Wenn ich den wilden Reis einmal brauche, dann werde ich es dir mitteilen. Inzwischen aber kannst du, wenn du möchtest, mit in meinen Palast kommen und dort ein gutes Leben führen.«

Von da an lebten die Schlange, die Ratte und der Papagei im Palast des Königs und ließen es sich gut gehen, und der König verwendete die Schätze, die dank der Tiere in seiner Schatzkammer gelandet waren, um Gutes für die Bedürftigen seines Landes zu tun.

Was heißt schon »normal«?

»Ilag konnte wegen seiner missgestalteten Hände kein Ruder anpacken und trainierte sich im Schwimmen und war dank dieser Fertigkeit bald genauso berühmt wie sein Bruder als Kajakfahrer.«

Wer nicht der Norm entspricht, läuft schnell Gefahr, abgewertet zu werden. Dabei übersehen die meisten, dass niemand völlig »normal« ist. Im Gegenteil sind es doch die individuellen Besonderheiten, die uns zu Menschen mit den unterschiedlichsten Eigenschaften und Vorzügen und schließlich liebenswert machen.

Mit Behinderungen umgehen

Wenn wir uns das andere, das Fremde, bekannt machen, verliert es seine Schrecken. Wenn es seine Schrecken verloren hat, kann es in unsere Herzen einziehen, wird ein Teil von uns und wird geliebt, behütet und nach besten Kräften unterstützt.

Ähnlich wie das Thema »Tod« ist auch das Thema der Behinderung immer noch heikel. Der Umgang zwischen Behinderten und Nichtbehinderten ist im Allgemeinen verkrampft und von Ängsten geprägt – und zwar auf beiden Seiten. Die einen fühlen sich diskriminiert, ausgeschlossen und oft als drittklassig angesehen, die anderen haben Angst vor dem, was ihnen »unnormal« und darum als nicht einzuordnen erscheint. Oder sie haben Angst, Fehler zu machen, ins Fettnäpfchen zu treten.

»Sieh mich an, damit du weißt, wer ich bin«

Die schwer behinderte Maria, die einmal Schönheitskönigin war und auf vielen Bühnen stand, hat etwas Wichtiges gesagt: »Damals haben mich alle angesehen, weil ich so schön war. Heute sehen sie weg, weil sie sich nicht mehr hersehen trauen. Sie haben nämlich Angst, unhöflich zu sein. Dabei ist es doch klar, dass meine Gestalt Neugierde erweckt. Alles, was anders ist, ob besonders schön oder hässlich, erweckt Neugierde. Erst wenn mich die Leute genau so, wie ich jetzt bin, angesehen haben, können sie mich vielleicht auch schätzen lernen. Darum wäre es mir lieber, sie würden mich ansehen, auch wenn es mir oft schwer fällt, das auszuhalten. Aber es gibt auch Behinderte, die möchten das nicht. Und so bleibt das Ganze ein Problem für alle.«

Das Andersartige verstecken

Ein anderer Fall handelt von einer jungen Frau, die in einem Dorf lebte. Sie hieß Anna, und als sie starb, waren einige Nachbarn überrascht, denn sie wussten nicht, dass es Anna überhaupt gab. Anna hatte das Down-Syndrom und wurde aus Scham von ihrer Mutter seit ihrer Geburt vor 33 Jahren versteckt. Als Kind durfte sie sich nicht am Fenster zeigen, und sie durfte nie mit anderen Kindern spielen. Auch später, als junge Frau, durfte sie nie das Haus oder gar das Dorf verlassen, bis zu ihrem Tod.

Angst, Schuld und Scham

Behinderung ist oft sehr eng mit Angst, Schuld und Scham verknüpft. Es gibt Menschen, die wie Annas Mutter reagieren, weil sie davon überzeugt sind, »Gott hätte sie für etwas bestraft«. Sie erfahren Behinderung als Strafe. Andere verhalten sich genau gegenteilig. Sie konfrontieren die Menschen nicht nur mit ihrem behinderten Kind, sondern provozieren sogar damit. Dazwischen liegt eine ganze Bandbreite von anderen Möglichkeiten. Schließlich kommt es sogar vor, dass ein behindertes Kind der Familie einen ganz neuen Halt gibt. An dieser Stelle soll der Kreis wieder mit Marias Worten geschlossen werden: »Erst wenn mich die Leute genau so, wie ich jetzt bin, angesehen haben, können sie mich auch schätzen lernen.«

»Alle Menschen sind gleich, aber du bist eben anders.« – So lautet die unausgesprochene Wahrheit, mit der Behinderte häufig wahrgenommen werden. Man macht unbewusst doch einen Unterschied.

Ich bin anders – du auch

Behinderte Kinder sind anders, auch wenn viele Eltern noch so sehr darum kämpfen, man möge ihre Kinder als »normal« ansehen. Geht es aber nicht weniger darum, die Andersartigkeit infrage zu stellen, als vielmehr darum, sie wahrzunehmen und zu akzeptieren und behinderten Kindern dabei behilflich zu sein, einen Platz in der Gesellschaft zu finden?

Von behinderten Kindern lernen

Eine Behinderung mit sich zu tragen ist fast immer eine schwere Aufgabe. Wer es schafft, sich selbst mit seiner Behinderung anzunehmen, wird einen starken Charakter haben. Wer es schafft, andere in ihrer Behinderung anzunehmen, wird einen großen Teil seiner eigenen Angst vor dem Andersartigen überwunden haben und ebenfalls »stark« sein. Behinderungen anzunehmen macht stark, weil es voraussetzt, die eigenen Ängste zu überwinden.

Die Ängste mancher Eltern, ihre nicht behinderten Kinder könnten im Umgang mit geistig behinderten Kindern »verdummen«, ist so unbegründet wie unverständlich. Geistige Behinderung ist schließlich nicht ansteckend. Im Umgang mit

Wer einen Menschen in seiner Behinderung annehmen kann, ist stark, denn er hat einen Großteil seiner eigenen Ängste überwunden. Auch das soziale Verhalten eines Kindes wird positiv geprägt, wenn es frühzeitig lernt, Rücksicht zu nehmen und zu helfen.

Behinderten lernen nicht behinderte Kinder, Rücksicht zu nehmen, wo nötig zu helfen und zu differenzieren. Aber nicht nur ihr soziales Verhalten wird gefördert, sondern auch ihr Blick für das Wesentliche.
Der Umgang mit körperlich oder geistig Behinderten trägt also auf vielfältige Weise zur positiven Persönlichkeitsbildung bei. Aus diesem Grunde scheint die Auseinandersetzung mit dem Thema »Behinderung« für alle Kinder wichtig, nicht nur für die, die selbst und sichtbar behindert sind oder unmittelbar mit einem behinderten Kind zu tun haben. Irgendwann im Leben wird jeder von uns mit behinderten Menschen zu tun bekommen, und im Alter wird jeder wahrscheinlich selbst mit Handicaps zu tun haben. Wer vorbereitet ist, wird damit umgehen können und zusammen mit diesem »andersartigen Menschen« wahrscheinlich ein paar sehr wichtige und vielleicht auch schöne Erfahrungen machen. Wer aber seine Ängste verdrängt hat, wird am Ende »sich selbst behindern«.

Fehler auf andere projizieren

Dies zeigt uns im Verlauf des Kapitels sehr anschaulich das italienische Märchen *Bucklig, lahm und einen krummen Hals*. Dem König begegnet eine Alte, die bucklig und lahm ist und einen krummen Hals hat. Der König lacht sie aus und verhöhnt sie. Diese Reaktion ist eine sehr beliebte Art, etwas zu verdrängen, was Angst macht: »Alles, was ich an mir nicht akzeptiere, entdecke ich an einem anderen. Ich lenke meine Aufmerksamkeit zu ihm hin, dann muss ich mich selbst nicht ansehen.« Oder: »Wenn ich etwas verlache, wende ich dies gleichzeitig von mir ab, denn damit bestreite ich, dass mir das passieren könnte.«

Der König aus unserem Märchen ahnt nicht, dass die Alte eine Fee ist und zaubern kann. Als er am nächsten Morgen seine drei Töchter sieht, entdeckt er, dass die eine bucklig ist, die andere lahm und die dritte einen krummen Hals hat. Die Fee hat seine Töchter verzaubert – oder besser gesagt, den König selbst. Sie hat für ihn etwas sichtbar gemacht, hat etwas in sein Leben gebracht, womit er sich noch zu beschäftigen hatte. Jetzt, angesichts seiner drei behinderten Töchter, kann er sich dieser Aufgabe nicht mehr länger entziehen.

Was brauchen behinderte Kinder?

Was Behinderten in ihrem Leben als Kind und als Erwachsener vor allem helfen kann, ist die Fähigkeit, sich auf ihre starken Seiten zu besinnen. Jeder Mensch hat Talente, Vorzüge, hat etwas zu geben.

Inka, ein 14-jähriges gehbehindertes Mädchen, kam zur Beratung, weil sie seit einem halben Jahr »immerzu nur weinte«. Sie hatte eine unglückliche Liebe hinter sich. Der junge Mann hatte sie wegen einer anderen 14-Jährigen verlassen, mit der er nun ständig in die Disco ging. Inka selbst konnte nicht tanzen. Es tat ihr weh, und sie schämte sich. Und nun war sie tief in sich davon überzeugt, dass er sie nur deswegen hatte sitzen lassen und dass sie nie wieder einen Freund finden würde, weil sie diese Behinderung hatte. Ihre wunderschönen braunen Augen, ihr ansteckendes Lachen, ihre Begabungen zum Malen und zum Singen hatten in ihren Augen überhaupt kein Gewicht – was war das alles schon wert, wo sie doch an schlimmen Tagen nur mit Krücken gehen und vor allem nicht tanzen konnte?

Behinderte Kinder brauchen wie alle Kinder viel Liebe und Zuwendung. Aber vor allem brauchen sie Unterstützung bei der Entwicklung von Selbstachtung! Denn haben sie die nicht, kann ihnen auch kein anderer das Gefühl geben, geachtet zu sein.

Eine liebenswerte Persönlichkeit

In den Sitzungen wurde sie immer wieder auf ihre Vorzüge hingewiesen, so lange, bis sie bereit war, den Blick von ihrem Bein zu lösen und selbst einmal dorthin zu sehen. Und im selben Maße, wie sie Liebenswertes an sich entdecken konnte, wuchs ihr Selbstvertrauen und damit auch ihre Kraft und ihre Ausstrahlung. Es dauerte gar nicht so lange, und sie hatte wieder einen Freund. Auch diese Beziehung ging ein paar Monate später in die Brüche, aber es war längst nicht mehr so eine große Katastrophe für Inka.

Das ist es auch, was Eltern, Freunde und Erzieher behinderten Kindern mitgeben können – sie dort fördern, wo ihre Begabungen liegen, sie hinweisen auf das, was an ihnen liebenswert ist und worin ihre Kraft steckt. Ihre Behinderung und die damit verbundenen Probleme sind sowieso schon offensichtlich. Wenn dem nicht mehr so viel Platz eingeräumt wird und die lebensfrohen Seiten in den Vordergrund rücken, ist viel gewonnen. Mitleid dient einem Menschen wenig und Selbstmitleid schon gar nicht.

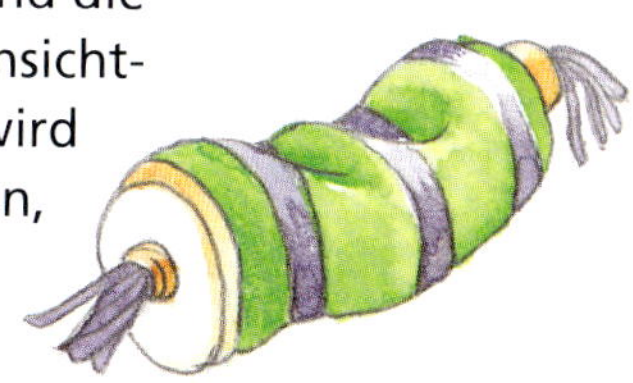

Eine Behinderung wird zur Begabung

Wer ein Ziel vor Augen hat, das ihm wirklich am Herzen liegt, wird alle Kräfte einsetzen, um es zu erreichen. Dies ist die beste Voraussetzung, um wertfrei entdecken zu können, worin die eigenen Fähigkeiten liegen, und sie in den Dienst der Sache zu stellen.

Das erste Märchen zum Thema »Behinderung« heißt *Von der Riesenmaus und den beiden Brüdern*. Es handelt sich um eine Legende aus Alaska. Diese Legende greift das Thema der Begabung auf, und der behinderte Bruder steht dem nicht behinderten in nichts nach.

Es geht um ein Ungeheuer, eine Art Riesenmaus, die ein Volk fast ausgerottet hat. Nur eine junge Frau und ein paar alte Leute überleben. Die junge Frau heiratet und bekommt zwei Söhne. Der ältere ist ein gesunder Junge, der verspricht, stark und mutig zu werden. An ihm ist nichts Auffälliges. Ganz anders verhält sich das mit dem zweiten Sohn. Er hat missgestaltete Hände, die an die Flossen eines Seehundes erinnern.

Die Mutter selbst ist besessen von dem Gedanken, dass ihre Söhne die Riesenmaus töten und damit ihre Sippschaft rächen sollen. Ganz gezielt arbeitet sie darauf hin und fördert ihre beiden Kinder gleichermaßen intensiv, aber jeden gemäß seinem jeweiligen Talent. So werden die jungen Männer dann auch »übernatürlich« stark und geschickt – der eine ein Kajakfahrer, der andere ein Schwimmer und Taucher.

Zwei Helden töten das Ungeheuer

In diesem Märchen gibt es nicht einen Moment, wo der Leser oder Zuhörer das Gefühl bekommt, der eine oder der andere Junge sei mehr wert oder der Mutter lieber, oder der eine sei auf den anderen neidisch. Dazu besteht auch überhaupt kein Grund, denn für die Mutter gibt es ja keine unterschiedliche Bewertung ihrer Personen. Vielleicht liegt es daran, dass die Frau all ihre Emotionen an ihre Rachegedanken verwendet, vielleicht hat sie aber auch wirklich verstanden, dass jedes Ding und jedes Lebewesen auf der Welt seine ganz eigene Kraft besitzt. Jedenfalls fördert sie ihre Söhne strikt nach Talent und holt damit heraus, was in ihnen steckt.

Ein Kind, das dieses Märchen hört, wird genau das wahrnehmen. Beide sind gleich gut, gleich stark, jeder hat seine besondere Fähigkeit, und weil jeder sein spezielles Talent ausgebaut und gefördert hat, kann der eine am Schluss mit Hilfe des anderen zum Helden werden.

Das Märchen von der Riesenmaus und den beiden Brüdern

In einem fernen Land liegt ein großer See, und darin liegt eine Insel, auf der einst ein äußerst gefährliches Tier lebte. Das Tier sah aus wie eine riesige Maus, aber es hatte kein Fell, sondern eine Haut, die war so dick und hart, dass jeder Pfeil und jedes Messer daran abprallte. Und sein Schwanz war so lang und kräftig, dass es damit jede Beute umschlingen und töten konnte. Wenn die Menschen vom oberen Flusslauf die Menschen vom unteren Flusslauf besuchen wollten, um mit ihnen Handel zu treiben – was sehr wichtig war, weil es am oberen Flusslauf längst nicht alles gab, was man zum Leben brauchte –, mussten sie mit ihren Booten über den See und an dieser Insel vorbei. Aber das war sehr gefährlich, denn hörte die Riesenmaus auch nur das geringste Geräusch, wurde sie sofort aufmerksam, griff die Boote an, warf sie um und fraß alle auf. Aus diesem Grunde gab es immer weniger Bewohner am oberen Flusslauf. Immer mehr fielen dem Riesentier zum Opfer – und doch gab es für die Boote keinen anderen Weg als an der Insel vorbei.

Einmal lebte ein Mann, der seine Tochter sehr liebte und keinesfalls wollte, dass sie auf so einer Flussfahrt umkam. Deshalb setzte er sie in ein Boot, auf dem keine kleinen Kinder oder Hunde, sondern nur ein paar alte Menschen waren. Denn kleine Kinder konnten plötzlich weinen oder Hunde knurren, und dann wäre es auch schon um das Boot geschehen.
Und tatsächlich kam es dann auch so, wie der Mann befürchtet hatte – in den anderen Booten knurrte ein Hund oder weinte ein Kind, und schon wurde die Riesenmaus aufmerksam und brachte sie alle um. Nur das Mädchen und die paar alten Leute kamen an dem Untier vorbei und blieben am Leben.
Das Mädchen lebte nun bei den alten Leuten, bis es erwachsen war und heiraten konnte. Ein Jahr später schenkte sie einem Jungen das Leben, den sie Kug nannte, und ein weiteres Jahr später bekam sie einen zweiten Jungen, der hieß Ilag.
Kug war gesund und kräftig und übertraf alle Gleichaltrigen an Körpergröße und Kraft, an Schnelligkeit und Geschicklichkeit. Als er alt genug war, dass er seine Mutter verstehen

konnte, ließ sie keine Gelegenheit aus, ihm von ihrem Vater zu erzählen, den sie so sehr geliebt hatte, von ihrer Mutter, ihren Brüdern und all den anderen Menschen, die die Riesenmaus getötet hatte. Und immer wieder sagte sie zu ihm: »Irgendwann wirst du ein starker und tapferer Mann sein. Doch ich glaube, auch dann wirst du die Kraft nicht haben, deine Familie zu rächen.« Damit wollte sie ihn anstacheln, seinen Mut und seinen Hass schüren, damit er eines Tages die Riesenmaus töten sollte. Und wirklich, es gelang ihr! Kug ließ keine Minute aus, sich zu trainieren und an Stärke zu gewinnen, um einmal gegen die Riesenmaus kämpfen zu können.

Doch kommen wir nun zu Ilag, dem jüngeren Bruder. Er wurde mit äußerst seltsamen Händen geboren. Er hatte dicke Häute zwischen den Fingern, und darum glichen seine Hände den Flossen eines Seehundes. Auch ihm erzählte die Mutter von ihrer Familie, schürte damit seinen Hass auf das Untier und achtete darauf, dass er wie sein Bruder Kug trainierte.

Als Kug kräftig genug war, bekam er ein Kajak, und schon bald konnte er zum Erstaunen aller meisterhaft damit umgehen. Ilag aber, der seiner missgestalteten Hände wegen kein Ruder anpacken konnte, trainierte sich im Schwimmen und war bald genauso berühmt wie sein Bruder Kug als Kajakfahrer.

So wuchsen Ilag und Kug zu jungen Männern heran, die andere junge Männer in allem Möglichen weit übertrafen. Ilag konnte sich, was das Tauchen und Schwimmen betraf, schon bald mit jedem Seehund messen, und auch Kug war in seinen Fähigkeiten so ungewöhnlich, dass er von allen bewundert wurde. Von Statur glichen die beiden inzwischen fast Riesen, und die Taten, die sie vollbrachten, machten sie weithin berühmt.

Da glaubte die Mutter endlich, dass für ihre Söhne die Zeit sei, ihre Familie zu rächen. Kug und Ilag brachen auf, um mit der Riesenmaus zu kämpfen. Kug fuhr mit seinem Kajak, Ilag lief, ganz wie er Lust hatte, neben ihm am Ufer entlang oder schwamm. So kamen die Brüder zur Insel, auf der das Untier lebte, schlichen sich vorsichtig an Land – und da erblickten sie es auch schon. Es war gerade von einem Nickerchen erwacht und gähnte ausgiebig. Dabei riss es sein riesiges Maul so weit

auf, dass einem angst und bange werden konnte.
Die Brüder untersuchten zuerst das Land, damit sie sich auskannten. Es gab dort eine große Ebene. Dann glitten sie durchs Wasser zu der Stelle, an der die Riesenmaus lag.
Die Riesenmaus bemerkte das Kanu jetzt und lief sofort ans Ufer, aber das Kanu machte plötzlich kehrt und glitt in großer Geschwindigkeit auf die Ebene zu. Gerade im selben Augenblick tauchte Ilag aus dem Wasser und schwamm so schnell wie ein Seehund in die entgegengesetzte Richtung. Die Riesenmaus war für einen Moment verwirrt, und so erreichten beide Brüder unbeschadet die Ebene, sprangen an Land und rannten aus Leibeskräften, bis sie auf der anderen Seite wieder zum Wasser kamen. Hier erwarteten sie das Ungeheuer, um gegen es zu kämpfen. Die Riesenmaus glaubte sich ihrer Beute sicher, aber Ilag und Kug waren so flink, dass die Bestie sie einfach nicht zu fassen bekam. So spielten sie eine Weile mit dem Ungetüm, wodurch sie die Möglichkeit hatten, es von allen Seiten genau zu betrachten. Auf diese Weise entdeckten sie am Hals eine Stelle, wo der dicke Panzer blanke, dünne Haut freigab. So groß wie zwei Handbreit vielleicht, nicht mehr – aber dort musste es verwundbar sein!

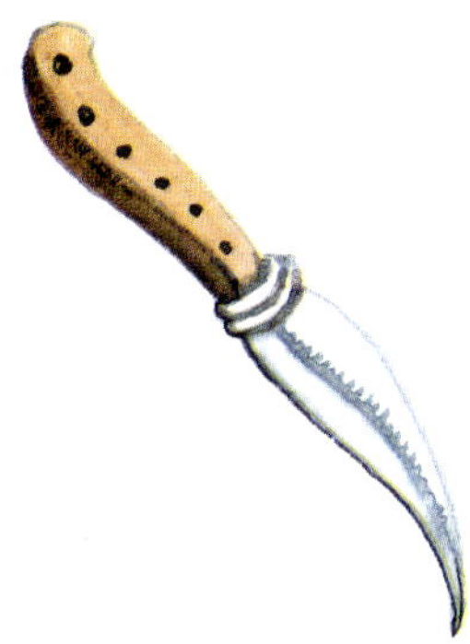

Die beiden Brüder hatten jeder ein Messer mit langem Holzschaft, das von Ilag hatte zusätzlich noch einen zweiten Griff, damit er es halten konnte. Nun stürzte sich zuerst Kug auf das Untier und rammte sein Messer genau in die verwundbare Stelle, und als die Riesenmaus sich herumwarf, tat dasselbe auch Ilag und stach von der anderen Seite zu. Da hielt die Maus zuerst inne, dann wand sie sich vor Schmerz und Todesangst, und schließlich brach sie vor den Brüdern zusammen und starb. Sie trennten ihr den Kopf ab und stellten ihn am Ufer auf, so dass alle, die vorbeifuhren, ihn sehen konnten.
Dann fuhren sie nach Hause und berichteten von ihrem Abenteuer, und zum ersten Mal sahen sie ihre Mutter lächelnd und zufrieden, denn endlich war ihre Familie gerächt.

Das war die Geschichte von Kug und Ilag, den beiden ungleichen Brüdern, die jeder das taten, was sie konnten, um ihr Volk von der Riesenmaus zu befreien. Und später vollbrachten sie gemeinsam noch viele andere Heldentaten, die sie weithin noch berühmter werden ließen.

Ein König ohne Mitleid

Die Macht, verletzen oder glücklich machen zu können, müssen Kinder ausüben dürfen. Erst dann werden sie die Konsequenzen dieser Handlungen wirklich verstehen. Eigene Erfahrungen bewirken mehr als noch so oft wiederholte Worte.

Das Märchen mit dem Titel *Bucklig, lahm und einen krummen Hals* handelt von einem König, der eine bucklige Alte verlacht, die daraufhin seinen drei Töchtern jeweils eine Behinderung anzaubert. Auch Kinder sind grausam. Sie müssen sich ausprobieren, im Guten wie im Bösen. Macht muss erfahren werden wie Schwäche auch, sonst bleiben es ewig leere Begriffe. Getreten wird von oben nach unten, das ist bei Kindern so wie bei Erwachsenen. Oben sind die Starken, unten die Schwächeren.

Krisen gehören zur Entwicklung

Das Märchen *Bucklig, lahm und einen krummen Hals* kann dabei helfen, Kinder an solche Fragen heranzuführen. Es soll aber darauf hingewiesen werden, dass das Anzaubern von Behinderungen am Ende der Geschichte weniger als Bestrafung zu sehen ist denn als Hilfestellung zur inneren Reifung. Oft hält das Schicksal für Menschen, die nicht lernen und sich nicht weiterentwickeln wollen, eine Möglichkeit bereit, weiterführende Erfahrungen zu machen. Und so sollte der Schluss des Märchens zusammen mit Kindern betrachtet werden. Das Märchen sagt am Ende auch gar nichts darüber aus, ob die Töchter für immer ihre Behinderung behalten oder nur vorübergehend, bis sie weise genug geworden sind, um sich aus der Verzauberung zu lösen.

Aber nicht nur für »lernunwillige« Menschen sind Krisen förderlich. Jedes Kind durchläuft Phasen, in denen es uneins mit sich ist, weder Fisch noch Fleisch, und eigentlich aus der Haut fahren möchte, um das, was es an der freien Entfaltung hindert, loszuwerden. Doch gerade diese »Behinderungen« leiten in ein neues Stadium über, das nach diesen Stürmen und Kämpfen mit einem selbst durch Ausgewogenheit und Versöhnung gekennzeichnet ist.

Wie sich eine Behinderung auswirkt, können Sie Ihrem Kind wirkungsvoll verdeutlichen, indem Sie ihm für eine Stunde eine Behinderung »anzaubern«. Binden Sie ihm z.B. ein Bein hoch, und geben Sie ihm zwei Krücken, mit denen es dann herumhumpeln darf.

Bucklig, lahm und einen krummen Hals

Auch ein König braucht manchmal Bewegung, und so vertrat sich der Herrscher eines fernen Landes eines schönen Tages die Füße. Dabei besah er sich die Leute, die Häuser und die Vögel und war allerbester Laune. Da kam eine Alte des Weges, ein Mütterchen, das auf einem Bein ein bisschen lahmte, am Rücken einen Buckel hatte und dazu auch noch einen krummen Hals. Der König fand das lustig. »Bucklig, lahm und einen krummen Hals!«, rief er und klatschte in die Hände. Das Mütterchen war aber eine Fee. Sie sah den König fest an und sagte: »Du Narr du, lache nur! Morgen wirst du anders denken!« Der König nahm sie gar nicht ernst und lachte nur umso mehr.

Der König hatte aber drei schöne Töchter, die er über alles liebte. Am nächsten Tag in der Frühe rief er die älteste Tochter zu sich, damit sie mit ihm ausginge. Doch was sah er da? Sie hatte einen Buckel! »Wie hast du denn den Buckel bekommen?«, fragte er entsetzt. »Ich weiß es nicht. Es war vielleicht die Zofe, denn sie hat mein Bett nicht gut zurechtgemacht. So hab ich wohl den Buckel bekommen.«

Der König ließ die zweite Tochter kommen und besah sie sich mit Entsetzen, denn sie hatte einen krummen Hals. »Was in Dreigottesnamen ist hier los?«, rief er aus. »Wieso hast du einen krummen Hals?« »Es passierte, als die Zofe mich kämmte. Dabei riss sie mir ein Haar aus, und so bekam ich einen krummen Hals«, antwortete die zweite Tochter.

Nun ließ er auch die dritte kommen und sah, dass sie hinkte. »Warum hinkst du?«, fragte er, und sie antwortete ihm: »Ich ging in den Garten, wo die Zofe war. Sie pflückte eine Jasminblüte und warf sie mir zu. Ich konnte sie aber nicht fangen, darum fiel sie mir auf den Fuß, und jetzt hinke ich.«

Der König war voller Zorn und rief nach dieser absonderlichen Zofe. Sie kam auch gleich, und da erkannte er in ihr die bucklige, hinkende Alte mit dem krummen Hals, die er tags zuvor so ausgelacht hatte. Sofort befahl er die Wachen her und wollte die Alte ins Pech tauchen lassen, aber sie machte sich ganz klein und immer kleiner, und dann verschwand sie durch eine Mauerritze und ward nie mehr gesehen. Nur den Buckel, den lahmen Fuß und den krummen Hals hatte sie zurückgelassen.

Iss, damit du stark wirst!

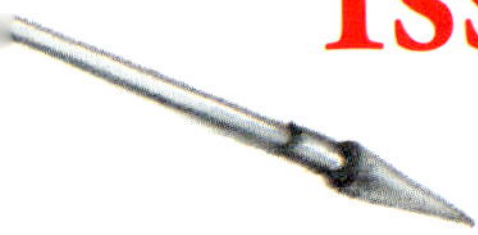

»Nun war aber ein anderer Müller, der war ebenso stark und groß und ebenso kugelrund, und keiner mochte den anderen leiden, weil keiner dem anderen nachstand. Sie hassten und bekriegten sich schon zehn Jahre.«

In jedem von uns gibt es Anteile, die wir nicht besonders schätzen. Dabei haben sie eine Menge Macht. Kinder stehen diesem Phänomen hilflos gegenüber und versuchen diese ungeliebten Seiten zu bekämpfen. Erst wenn sie sich damit versöhnen, können sich die Kräfte entfalten, die ein Leben glücklich machen.

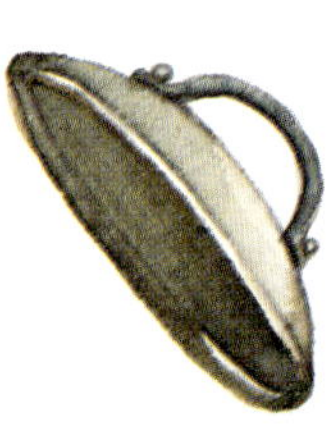

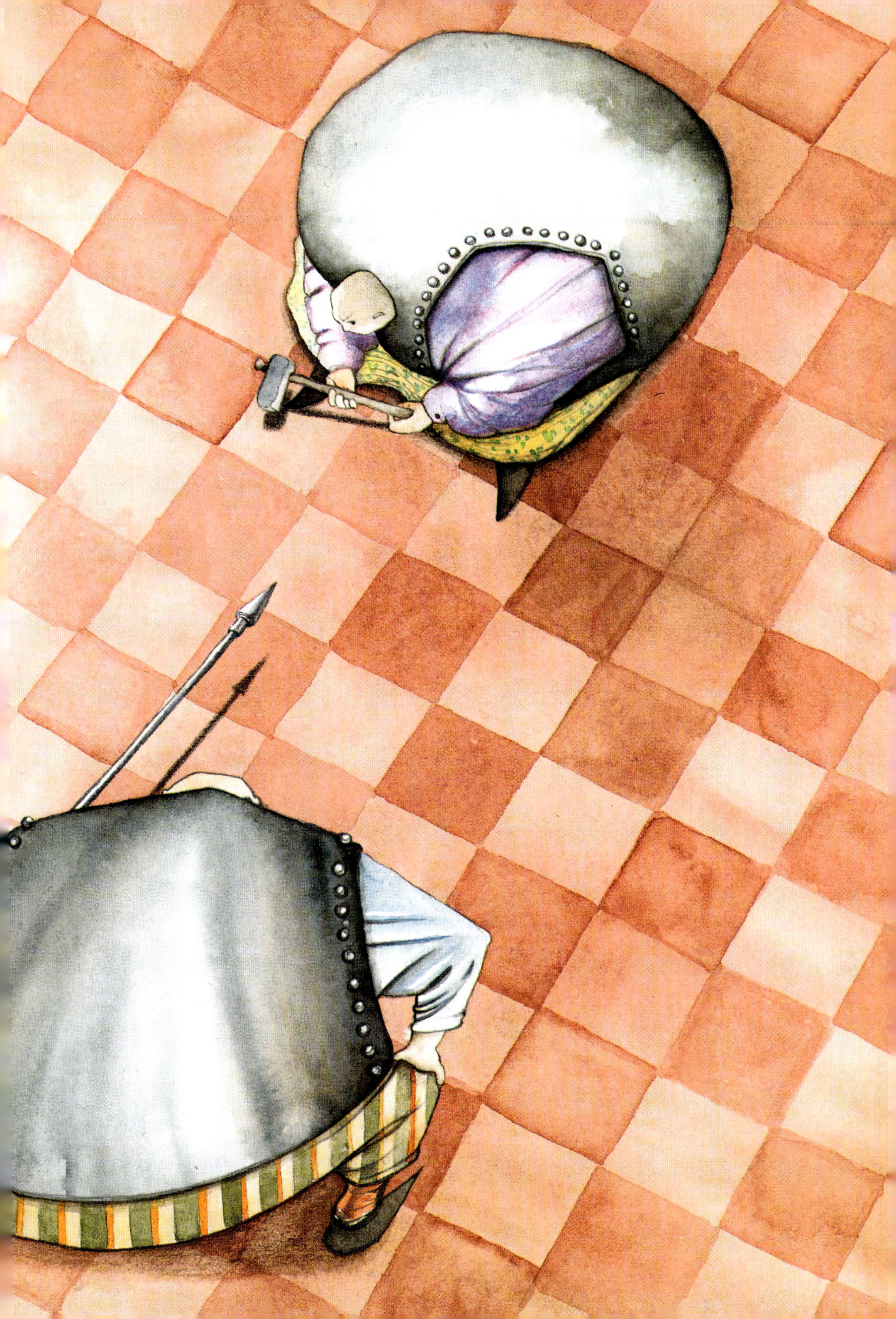

Was wirklich stark macht

Als untrennbar erfährt ein Baby körperliche und seelische Geborgenheit, wenn es gefüttert wird. Auf diese Weise wird die Nahrungsaufnahme mit Liebe in Verbindung gebracht, und das kann später dann zu Verwechslungen führen: Wer unglücklich ist, plündert den Kühlschrank.

Die Frage, was in Kindern vor sich geht, die ihre Probleme mit Essen kompensieren, ist gar nicht so schwer zu beantworten. Schon als Baby verbinden wir die Nahrungsaufnahme mit Zuwendung und Zärtlichkeit. Beim Füttern oder Stillen werden wir in den Arm genommen, festgehalten, fühlen Haut und Wärme, werden gestreichelt und angesprochen. Sind wir dann satt, werden wir noch ein wenig herumgetragen, damit wir aufstoßen können. Selbst lieblose oder emotional gehemmte Eltern müssen ihre Babys füttern und lassen ihnen zumindest auf diesem Weg ein Minimum an Zuwendung zukommen.

Vor diesem Hintergrund ist es leicht zu verstehen, dass ein Kind, dessen Bedürfnis nach Liebe und Geborgenheit nicht gestillt wird oder das keine Anerkennung findet, nach Nahrung greift. Hinzu kommt, dass viele Eltern Liebe selbst mit Nahrung in Zusammenhang bringen und ihr auf diesem Weg Ausdruck verleihen.

»Liebe geht durch den Magen«, »Zeige mir, was du isst, und ich sage dir, wer du bist!« – solche Sprüche gibt es viele, und alle weisen darauf hin, dass Essen mit Behaglichkeit, Reichtum und Zuwendung in Verbindung gebracht wird.

Andererseits gilt natürlich gerade heute: je schlanker, desto gesünder und schöner, und je schöner, desto erfolgreicher. Menschen, die dem modernen Schönheitsideal nicht entsprechen, werden ganz schnell ins Abseits gedrängt, und ein Kind, das ohnehin schon Kummer hat, kann dieses Ausgegrenztsein nur verkraften, indem es sich Anerkennung und Liebe verschafft – über Nahrung eben. Ein Teufelskreis entsteht.

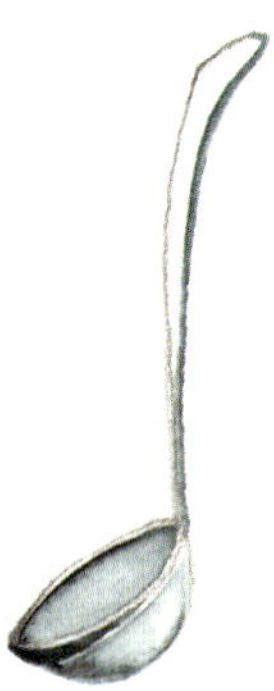

Esssucht und Übergewichtigkeit

Wird das Normalgewicht um 20 Prozent überschritten, spricht man von Fettsucht – ein Wort, das nicht gerade schön klingt, aber in unserer Gesellschaft leider zunehmend an Bedeutung gewinnt. Wie man im »Darmstädter Echo« am 15. Februar 1997 lesen konnte, waren immerhin 15 Prozent von etwa 22000

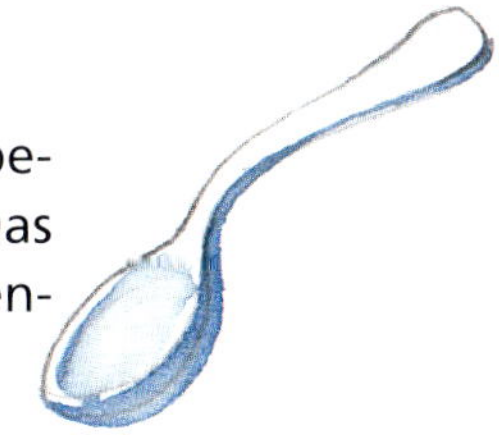

13-Jährigen, die im Jahr vorher an einer Jugendgesundheitsberatung in Hessen teilgenommen haben, übergewichtig. Das bedeutet, jedes sechste oder siebte Kind hat ernst zu nehmende Gewichtsprobleme.

Was kann helfen?

Ein Kind immer wieder darauf hinzuweisen: »Du bist zu dick, iss nicht zu viel!«, ist keine Lösung. Ganz im Gegenteil wird sich das Kind ungeliebt und abgelehnt fühlen und muss das natürlich wieder durch Nahrung kompensieren. Um dem übergewichtigen Kind aus seinem Teufelskreis zu helfen, sind folgende Punkte wichtig:

Erstens muss die Nahrung umgestellt werden. Das hat nichts mit Hungern zu tun! In Familien mit übergewichtigen Kindern sind häufig Ernährungsfehler zu beobachten, die relativ leicht behoben werden können. Wenden Sie sich an eine Ernährungsberatungsstelle, und lassen Sie sich dort weiterhelfen.

Das Kind sollte genügend Anerkennung, Zuwendung und Geborgenheit erfahren. Es versteht sich natürlich von selbst, dass Süßigkeiten als Belohnung nicht infrage kommen. Ein Apfel, ein Päckchen Kaugummi ohne Zucker, ein Müsliriegel können Ersatz sein, damit das Kind nicht das Gefühl bekommt, hungern zu müssen.

Das Problem muss als solches erkannt und die Zusammenhänge müssen verstanden werden. Und hier können Märchen ihren Teil beitragen. Über die Auseinandersetzung mit Märchen können Kinder verstehen lernen, was in ihrem Innersten vor sich geht, und sie können mit Hilfe der Märchenfiguren an diesem Problem arbeiten und wenigstens zu einer Teillösung finden.

Wichtig: Das im Kind fördern, was seine Selbstachtung hebt. Jeder Mensch hat besondere Talente – sie müssen nur entdeckt werden. Geben Sie Ihrem Kind die Möglichkeit dazu, lassen Sie es ein paar Dinge ausprobieren. Vielleicht ist es musikalisch begabt und könnte ein guter Sänger oder Klavierspieler sein? Oder es hat handwerkliche Fähigkeiten und könnte schönes Spielzeug schnitzen, um das es von anderen Kindern beneidet wird …

Wer sein Kind in ablehnendem Ton darauf hinweist, dass es übergewichtig ist, schafft erneut die Verbindung von Zuneigung und Essen. Das Kind meint, es wird mehr oder weniger geliebt, je nachdem, wie viel es isst. Diese Struktur gilt es zu verändern.

Zwischen Angst und Sucht

Das erste Märchen zum Thema Esssucht ist ein Märchen von Ludwig Bechstein, das bearbeitet wurde, um es vom Sprachgebrauch her für Kinder verständlicher zu machen. Es heißt *Die beiden kugelrunden Müller* und bezieht sich vor allen Dingen auf den Aspekt der Fettleibigkeit als Schutz vor Verletzungen der Seele und auf das Bedürfnis, von der Umwelt wahrgenommen zu werden.

Menschen, die sich einen Panzer anessen, haben oft Angst, seelisch verletzt zu werden. Sie wollen ihre Gefühle schützen. Aber auch das Bedürfnis, von der Umwelt wahrgenommen zu werden, kann dahinter stecken, wenn sie immer mehr »in die Breite« gehen.

Es handelt von einem Müller, der an sich schon sehr »stark und dick« ist – hier wird deutlich, dass dick sein oft auch mit Stärke in Verbindung gebracht wird –, sich aber zusätzlich noch gegen »Hieb und Stich«, also gegen Verletzungen von außen absichern will. Und das tut er, indem er sich bis unter die Zähne bewaffnet und sich eine seltsame Rüstung anfertigt, die ihn immer kugelrunder werden lässt. Es kommt (Fett-)Schicht zu (Fett-)Schicht, bis er schließlich so gut gepolstert ist, dass ihm nichts und niemand mehr gefährlich werden kann. Aber andererseits ist unser Müller nun auch so schwer und unbeweglich, dass er kaum noch aus dem Haus gehen kann, und wenn, dann nur mit Hilfe seiner ganzen Sippe und einiger Ochsen, die seinen Wagen ziehen müssen.

Schutz vor Verletzungen

In diesem Bild wird sehr gut sichtbar, was fettleibigen Kindern passiert. Durch den »Panzer«, den sie sich angegessen haben, fühlen sie sich zwar sicherer als vorher, aber weil sie so dick sind, fällt es ihnen schwer, sich zu bewegen. Also können sie nicht mehr am Alltagsgeschehen teilnehmen und werden zum Außenseiter.

Wenn wir einmal davon ausgehen, dass ein übergewichtiges Kind sein Fett als »Panzer« braucht, weil es Angst vor Verletzungen hat, werden wir auch begreifen, dass eine Nahrungsumstellung, die zur Gewichtsreduzierung führt, nicht alles sein kann, was dem Kind zur Behebung seines Problems fehlt. Etwas muss den abgelegten Panzer ersetzen! Das heißt, das Kind braucht gerade in der Anfangszeit des Abnehmens Aufmerksamkeit, Zuwendung und vor allem eine Stärkung des Selbstbewusstseins.

Nimm mich wahr, damit ich bin!

Ein anderer Aspekt, der dem kugelrunden Müller in unserem Märchen sehr wichtig ist, ist wahrgenommen zu werden.
»Da er nun alljährlich zu St. Oswalds Kirchtag ging und sich auch sehen lassen wollte vor den Leuten …«, heißt es im Text. Nicht wahrgenommen zu werden gehört zu dem Schlimmsten, was einem Menschen passieren kann. Es ist so schlimm, dass Kinder sich lieber schlagen lassen, als dieses Nicht-wahrgenommen-Werden auszuhalten. Auch die Anfeindungen und Hänseleien, die fettleibige Kinder ihres Aussehens wegen erfahren, sind eine schlimme Strafe. Zwar nimmt sie so dick gepolstert plötzlich jeder wahr, aber sich in der Öffentlichkeit zu zeigen wird nun jedes Mal zur Tortur, denn sie geben sich der Lächerlichkeit preis. Und trotzdem scheint dies alles, die Demütigungen, der ganze Schmerz und die Einsamkeit, besser zu sein, als gar nicht gesehen zu werden.
Zurück zum Märchen. Nicht nur der Müller selbst scheint einen Nutzen von seiner seltsamen Rüstung zu haben, sondern auch seine Umwelt.

Sich nicht wahrgenommen fühlen ist für Kinder so deprimierend, dass sie sich lieber wegen ihrer Leibesfülle auslachen oder sogar schlagen lassen, als diesen Zustand auszuhalten. Wenn sie viel Platz einnehmen, können sie nicht übergangen werden.

Ein Schutzwall für Schwache

»Sie scharten sich um ihn her und zumeist hinter ihm, wie die Philister hinter ihrem Riesen Goliath«, heißt es.
Man versteckt sich also hinter ihm, der so dick und kugelrund ist, so gut gepanzert und bis unter die Zähne bewaffnet! Aber warum, was kann er denn bieten?
Der erste Gedanke, der einem kommt, bezieht sich natürlich auf den enormen Umfang der Hüllen. Man erhofft sich vielleicht, dass sein massiger Körper eine einschüchternde Wirkung hat, Angriffe besser aushält und einem so einen gewissen Schutz bietet.
Aber das Märchen meint hier mit Sicherheit auch ein Verstecken im übertragenen Sinne. Es ist ein alter und sehr unsympathischer Trick, mit dem Finger auf andere zu zeigen, damit die Blicke von einem abgelenkt werden und man sich nicht selbst ansehen muss und mit den eigenen Fehlern und Schwächen konfrontiert wird. Solange man über einen anderen lachen und herziehen kann, ist man selbst nicht an der Reihe und kann sich in Sicherheit wiegen!

Die Antwort im Märchen

Die beiden kugelrunden Müller heißt das Märchen – folglich muss es auch noch einen zweiten Müller geben. Der tritt aber erst in Erscheinung, wenn wir uns ein ausführliches Bild des ersten Müllers gemacht haben. Wir haben ihn und seine Not kennen gelernt, wir haben vielleicht sogar über ihn gelacht, wir haben gesehen, wie unbeweglich und abhängig er ist, aber auch, wie man sich seiner bedient und ihn ausnutzt – doch immer waren wir es, die ihn angesehen haben. Plötzlich aber kommt ein zweiter Müller ins Spiel, der genauso kugelrund und dick ist – und damit ist unser Müller gezwungen, sich einmal mit sich selbst auseinander zu setzen.

»Sie hassten und bekriegten einander«, heißt es, »keiner mochte den anderen leiden, und wo sie sich trafen, gerieten sie aneinander.« Das ist etwas, das nicht nur Dicken passiert: Wenn wir uns mit unseren ungeliebten Seiten in einem anderen wieder erkennen, hassen wir diesen anderen, weil wir uns selbst hassen! Und wir bekämpfen, was wir an uns selbst nicht wahrnehmen wollen, weil es uns unerträglich scheint.

Vielleicht würden sich unsere beiden Müller vor lauter Hass noch gegenseitig umbringen, wenn da nicht plötzlich auch ihre Kinder ins Spiel kämen, die sich ineinander verliebt haben und heiraten wollen und derentwegen sich die Müller schließlich aussöhnen. Sie verbünden sich, werden Freunde und kämpfen von nun an Seite an Seite. Damit sind sie wirklich stark und verbringen eine Unzahl an Wundertaten bis an ihr Lebensende.

Wenn sich das Kind spielend oder malend mit Märcheninhalten beschäftigt, können Eltern durch genaues Zuhören und Hinsehen verstehen lernen, was ihm fehlt, dass es so viel essen muss. Unter Umständen ist auch eine therapeutisch orientierte Beratung hilfreich.

Sich selbst lieben lernen

Man kann diese Lösung, wie so viele Botschaften von Märchen, von zwei Seiten betrachten. Es dürfte einem fettleibigen Kind ganz sicher nützlich sein, sich einen Verbündeten zu suchen, mit dem zusammen es stark ist, weil Freundschaft und Zuneigung so wichtig für uns alle sind. Aber mindestens so wichtig ist es für das Kind, sich selbst anzunehmen, sich mit sich selbst zu verbünden und auf sich selbst zu vertrauen. Zusammen mit einem gesunden Selbstbewusstsein wird es erfolgreich durchs Leben gehen, auch dann, wenn es nicht so schlank ist, wie das unser derzeitiges Modebewusstsein fordert.

Die beiden kugelrunden Müller

Es war einmal ein Müller, der war schon an sich sehr stark und dick, wollte aber auch sicher sein gegen Hieb und Stich, gegen Bolz und Pfeil, darum steckte er sich in eine wunderliche Kleidung. Er ließ sich zuerst ein Wams machen, das füllte er mit Kalk und Sand aus und ließ, um es zu verbinden, geschmolzenes Pech hineinfließen. Hinten machte er ein Futter von mehreren Körben, und vorn beblechte er es mit alten Reibeisen und eisernen Topfdeckeln. Da wurde das Wams schwerer als der schwerste Brust- und Rückenharnisch, den jemals ein streithafter Ritter trug.
Unter dieses Wams zog der Müller nun drei Hemden und einen wirklichen Panzer an, darüber noch einen Panzer und neun Lodenjacken, wie sie die Wollweber im Schwabenlande noch heute fertigen. Wenn nun der Müller sich mit diesem stattlichen Kleiderbollwerk angetan hatte, wobei er die Beine mit mehr als vier übereinander gezogenen alten Lederhosen schützte, so war er ein so stattliches, kugelrundes Kerlchen, dass er ebenso breit war wie hoch und wie eine Kugel aussah. Er konnte nicht ohne Gezwänge durch ein Stadttor gehen, konnte sich auch kaum rühren und regen, und so mussten denn seine Freunde mit ihm gehen, ihn führen und geleiten.
Da er nun alljährlich zu St. Oswalds Kirchweihtag ging und sich auch sehen lassen wollte vor den Leuten, so fuhr er einher auf einem Karren in seiner Rüstung und so gewappnet, wie das noch keiner gesehen hatte. Den Wagen zogen vier starke Ochsen, und hinterdrein gingen alle Bauern seines Orts mit ihren Frauen und Kindern, die versteckten sich, wenn sich ein Feind zeigte, hinter ihres Müllers Karren wie hinter einer Feste. Er war bewaffnet mit zwei Spießen und einer Armbrust, an seiner Seite hingen ein Schwert so lang wie ein Mensch und ein Gewehr, und neben ihm lag noch ein Bogen nebst einem Pfeilköcher.

Wenn nun der kugelrunde Müller mit seinem Karren und seinen vier Ochsen an einen gewissen Berg kam, über welchen der Weg führte, so warteten dort ein paar seiner Neffen mit Frauen und Kindern, die halfen den Wagen in die Höhe hinaufschieben, während vorn noch sechs Ochsen als Vorspann

zogen. So brachten sie ihn denn endlich hinauf, mit Ach und Krach und unter Vergießung vieler Schweißtropfen. Ging es dann aber auf der anderen Seite des Berges wieder abwärts, so mussten sie sich so viel als nur möglich gegen den Wagen einstemmen, dass er nicht mit dem Kugelrunden kopfüber-kopfunter hinabging. Wenn seine Sippschaft ihn dann endlich am Ziele hatte, so wurde er mit Leitern und Hebebäumen vom Wagen herabgeholt, wie ein großes volles Weinfass, und dann scharten sie sich um ihn her und zumeist hinter ihm, wie die Philister hinter ihrem Riesen Goliath.

Nun war aber ein anderer Müller in der Nachbarschaft, der war ebenso stark und groß, ebenso kugelrund und trug auch so ein ausgefüttertes und geblechtes Wams, und keiner mochte den anderen leiden, weil keiner dem anderen nachstand. Sie hassten und bekriegten einander schon zehn Jahre. Auf jedem Kirchweihtag, wo sie hinkamen, gerieten sie aneinander und fochten gegeneinander mit Worten und Waffen. Es konnte aber keiner dem anderen etwas anhaben, denn sie waren gleich stark und gleich mutig.

Der eine Müller hatte einen Sohn, der andere eine Tochter, welche beide einander so sehr liebten, wie die Väter einander hassten. Darüber wurde der Zwiespalt noch größer, bis endlich gute und einsichtsvolle Freunde sich der Sache annahmen und den beiden Müllern rieten, Freunde zu werden und ihre Kinder miteinander zu verheiraten.

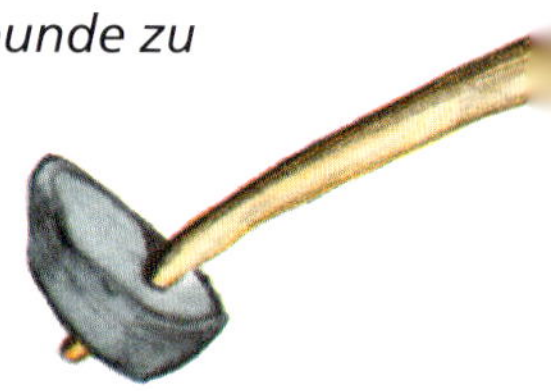

Wie das Gerücht vom Bündnis der beiden Müller ins Land erscholl, und dass sie sogar ihre Kinder miteinander verheiraten wollten, da entstand große Unruhe und Besorgnis, denn jeder konnte sich nun an den Fingern abzählen, dass die beiden Kugelrunden wie zwei Mühlsteine sein würden, zwischen denen alles, was ihnen zu nahe käme, aufgerieben werden würde. Und wer jetzt dem einen Müller zu nahe trat, der hatte es gleich mit beiden zu tun. Und es konnte kein Fürst beide überwin-

den, denn die Müller glichen runden Burgen, sie waren auch nicht auszuhungern durch eine Belagerung, denn sie hatten in ihren Wämsern immer genug Vorrat bei sich. Selbst der Kaiser mit seinem großen Heer hätte Mühe gehabt, sie zu überwältigen, und so konnte man nur froh sein, dass sie ihre große Macht nur gegen die Feinde des Reiches kehrten und auch keinen Lohn dafür wollten, sondern allein die Ehre, fechten und streiten zu dürfen.
Viele tapfere Taten vollführten die beiden kugelrunden Müller, seit sie miteinander verbunden waren, und wenn sie diese Taten und die Abenteuer, welche durch sie bestanden wurden, niedergeschrieben hätten, so wäre das ein Buch geworden, zweimal so stark wie die Bibel und die Weltchronik.

Das Suchtmännchen in uns

Das zweite Märchen zum Thema heißt *Die Nonne, der Bergmann und der Schmied* und beschäftigt sich mit suchthaftem Verhalten, sowohl was das Essen angeht als auch allgemein.
Zum Inhalt: Eine Nonne, ein Bergmann und ein Schmied wandern miteinander durch die Welt, kommen zu einem ziemlich maroden Schloss und ziehen dort ein. Das Haus, ein Symbol für das Selbst, ist also in denkbar schlechtem Zustand.
Das Märchen steuert dann auch ziemlich direkt auf sein eigentliches Thema zu – das zwanghafte Essen. Immer einer von den dreien bleibt zu Hause, um den Haushalt zu versorgen und das Essen zu bereiten, während die anderen beiden losziehen, um Nahrungsmittel zu besorgen.
Das Los trifft als Erstes die Nonne, sie bleibt und kocht, und als ihre Gefährten lange nicht nach Hause kommen, isst sie schon mal. Da erscheint plötzlich ein kleines graues Männchen und klagt über Hunger. Die Nonne fordert das Männchen auf zu essen, und da macht es sich über die Schüssel her und isst »in Geschwindigkeit« alles auf. Als dann die Nonne zornig wird, weil das Männchen für die anderen nichts übrig gelassen hat, wird sie verprügelt. Das Männchen verschwindet, und man hat das Gefühl, vor einem Scherbenhaufen zu stehen.

Der Weg aus der Sucht ist steinig und kann nur mit eisernem Willen gegangen werden. Der stärkste Wille jedoch genügt nicht, wenn nicht klar wird, welchen Zweck das Suchtverhalten erfüllt. Meist wird versucht, damit etwas zu vermeiden, was der Süchtige früher als sehr schmerzhaft empfunden hat.

Emotionale Leere

Das Thema Sucht wird bei dieser Szene offensichtlich. Die Nonne, die vorhatte, nur ihren Anteil zu essen, bekommt plötzlich Besuch von einem kleinen grauen Männchen, das wir als Schattenwesen aus dem eigenen Unbewussten deuten können. Dieses graue Männchen appelliert an das Mitleid der Nonne und jammert: »O wie friert mich!«
Wenn Sie je mit suchthaftem Verhalten zu tun hatten, dann dürfte Ihnen dieses kleine graue Männchen, das Ihnen ins Ohr flüstert, wie kalt es ihm ist, ein guter Bekannter sein. Und hat es in diesem Sinne vorgebaut und die Standhaftigkeit weich geklopft, findet gleich die nächste Attacke statt. »O wie hungert mich!«, ruft das Männchen, und die Nonne sagt: »Auf dem Ofen steht Essen, so iss.« Und damit ist es passiert. Alle guten Vorsätze sind dahin, in Windeseile ist das ganze Essen

reingeschlungen. Was bleibt, ist das schlechte Gewissen und das Gefühl, wieder mal ein Versager zu sein – im Märchen bildhaft ausgedrückt durch den unbändigen Zorn des kleinen grauen Männchens, das den Teil in uns, der es wagt, sein Verhalten zu kritisieren, schlägt und prügelt.

Auch die geerdete Kraft versagt

Hier sei auch noch erwähnt, dass die Nonne für das Prinzip Hoffnung steht und die Kraft des Denkens symbolisiert, denn sie ist mit Gott und dem Himmel, also mit dem Geist verbunden. Hoffen und Denken allein hat also nicht genügt, um das Männchen, den inneren Widersacher, zu überwinden.
Die beiden Gefährten kommen dann nach Hause, sind hungrig und finden nichts vor. Die Nonne erzählt ihnen ihre Geschichte, und die beiden sind ärgerlich, weil sie nun hungrig zu Bett gehen müssen. Am nächsten Tag bleibt dann der Bergmann zu Hause, und er gibt an, dass ihm dasselbe nicht passieren wird.
Aber natürlich kommt alles ganz anders. Zwar ist die Kraft des Bergmannes, der ja symbolisch mit der Erde verbunden ist, schon viel bodenständiger als das reine Denken, aber auch das graue Männchen hat sich inzwischen gewappnet. Es kommt mit zwei Köpfen zurück. Und dem Bergmann ergeht es am Ende genau wie der Nonne.

Die Nonne, Symbol für das Prinzip Hoffnung, und der Bergmann, Symbol für den guten Willen, scheitern an der Aufgabe, das graue »Suchtmännchen« zu überwältigen. Im Schmied vereinen sich die Kraft des Hoffens mit der Kraft des Wollens. Darum ist er für die Aufgabe der Suchtbewältigung am besten ausgerüstet. Auch in Ihrem Kind lebt so ein Schmied – Sie müssen ihm nur helfen, ihn aufzuspüren.

Mit Willenskraft und Beharrlichkeit

Am dritten Tag bleibt dann der Schmied zurück. Seine Voraussetzungen sind besser als die der Nonne und des Bergmanns, denn als Schmied ist er Herr über das Feuer – Feuer steht in der Symbolsprache für Macht und Willenskraft – und vermag selbst Eisen zu biegen und gefügig zu machen. Außerdem hat er noch seinen Schmiedehammer zur Verfügung, und schließlich setzt er seinen Verstand ein. Und tatsächlich, ihm gelingt es, das habgierige Männchen in Schach zu halten, obwohl es inzwischen schon drei Köpfe hat und demgemäß noch gefräßiger geworden ist. Es gelingt ihm, weil er sich nicht allein auf seine Hoffnung oder seinen guten Willen verlässt, sondern weil er wirklich seine ganze Willenskraft aufwendet. Sein Vorgehen: Er setzt dem dreiköpfigen Männchen nicht gleich die ganze Schüssel, sondern nur eine abgemessene Portion vor. Als es das aufgegessen hat und, wie zu erwarten war, gierig mehr fordert, weigert sich der Schmied. Das Männchen will den Schmied schlagen, aber der haut ihm zwei seiner drei Köpfe ab, worauf das Männchen endlich die Flucht ergreift.

Diese Bilder zeigen, wie hinterhältig und mächtig der Teil in uns ist, der uns zum suchthaften Essen, Trinken oder Rauchen verführt, und dass es kein Entrinnen gibt, wenn wir nicht mit aller Kraft dagegen ankämpfen.

Ohne die kontinuierliche, liebevolle Zuwendung und Unterstützung von Bezugspersonen kann ein Kind sein Suchtverhalten, das sich über Jahre hinweg ausgeprägt hat, nicht verändern, und die Gefahr, rückfällig zu werden, ist groß.

Die endgültige Befreiung

Aber natürlich sind wir noch nicht am Ende. Zwar ist die Gier des Männchens wieder reduziert auf nur einen Kopf, aber es lebt noch irgendwo im Keller des Schlosses. Es kann jederzeit zurückkommen, und alles würde von vorne beginnen. Also machen sich unsere drei Helden auf, es zu suchen und ganz auszumerzen. Sie brechen eine Eisentür auf und finden hinter ihr eine wunderschöne Prinzessin. Sie führt die drei zu einer zweiten gefangenen Prinzessin, und schließlich kommen sie alle zu einem gefährlichen Hund, der einen wunderbaren Schatz bewacht. Der Hund wird getötet, das graue Männchen erlöst und der Schatz verteilt.

Standhaft bleiben

In diesem Schlussteil geschehen »Aufräumungsarbeiten« – es wird sozusagen das kaputte Auto entfernt, damit kein neuer Unfall passiert, die herumliegenden Wrackteile werden aufgesammelt, das ausgelaufene Benzin aufgewischt. So geht das auch mit der verunglückten Seele. Wenn das Kind seine Esssucht im Griff hat, ist es noch nicht geheilt. Die Gefahr, rückfällig zu werden, ist groß, und nur das Bewusstsein, dass das graue Männchen noch irgendwo im Keller ist und dort auf die nächstbeste Gelegenheit wartet, zurückzukehren, kann helfen, nicht gleich wieder in die Sucht zu verfallen.

Es dauert vielleicht ein paar Jahre, bis die beiden Prinzessinnen und der Prinz befreit sind und Ihr kleiner Held an den Schatz kommt, der in seinem Inneren verborgen liegt – doch wenn Sie sich dessen bewusst sind und bereit, ihm mit Zuwendung und Verständnis über seine »Hungerstrecken« zu helfen, wird er es höchstwahrscheinlich schaffen.

Die Nonne, der Bergmann und der Schmied

Eine Nonne, ein Bergmann und ein Schmied wanderten miteinander durch die Welt. Einmal hatten sie sich in einem großen, finstern Walde verirrt, so dass sie froh sein mussten, als sie endlich in der Ferne ein Gemäuer erblickten, darin sie Obdach zu finden dachten.

Sie gingen also darauf zu und sahen, dass es ein altes, wüstes Schloss war, schon halb verfallen, doch noch so weit erhalten, dass man allenfalls und zur Not darin wohnen konnte. Darum beschlossen sie, darin zu bleiben, und hielten Rat, wie sie sich einrichten wollten. Bald wurden sie einig, dass immer eins von ihnen daheim bleiben und die Wirtschaft bestellen sollte, während die andern aus wären, um Nahrung herbeizuschaffen.

Das Los, zu Hause zu bleiben, traf zuerst die Nonne. Als nun der Bergmann und der Schmied in den Wald gegangen waren, besorgte die Nonne die Küche, und als ihre Gefährten zur Mittagszeit nicht heimkamen, verzehrte sie einstweilen ihren Teil von der Mahlzeit. Da kam auf einmal ein graues Männchen herein, schüttelte sich und sprach: »O wie friert mich!« Die Nonne antwortete: »Setze dich zum Ofen, und wärme dich.« Das tat das Männchen auch, aber bald rief es: »O wie hungert mich!« Die Nonne sagte: »Auf dem Ofen steht Essen, so iss.« Da machte sich das Männchen über das Essen und aß in Geschwindigkeit alles auf, was da war. Darüber wurde die Nonne zornig und schalt es, dass es für ihre Gefährten gar nichts übrig gelassen hätte. Da geriet auch das Männchen in einen großen Zorn, nahm die Nonne, schlug sie und warf sie von einer Wand zur andern. Darauf ließ das böse Männchen die Nonne liegen und ging seines Weges. Am Abend kamen die beiden Gefährten der Nonne nach Hause, und als sie hungrig ihr Essen verlangten und nichts mehr fanden, so machten sie der Nonne heftige Vorwürfe und wollten ihr nicht glauben, als sie ihnen erzählte, was ihr widerfahren wäre.

Den folgenden Tag erbot sich der Bergmann, das Haus zu hüten, und versprach, dafür zu sorgen, dass niemand hungrig zu Bette gehen müsse. So gingen nun die beiden andern in den Wald, und der Bergmann besorgte das Essen, verzehrte seinen Teil und setzte dann das Übrige auf den Ofen. Da trat das Männchen herein, aber wie erschrak der Bergmann, als er sah, dass es zwei Köpfe hatte. Es schüttelte sich und sprach: »O wie friert mich!« Ganz voller Furcht verwies es der Bergmann zum Ofen. Bald darauf fing es an zu klagen: »O wie hungert mich!«

»Auf dem Ofen steht Essen, so iss!« antwortete der Bergmann. Da fiel das Männchen mit seinen beiden Köpfen über das Essen her, und bald war die ganze Schüssel wie ausgeleckt. Als der Bergmann das Männchen deswegen ausschalt, erging es ihm, wie es der Nonne ergangen war – es schlug ihn braun und blau, warf ihn gegen alle Wände, dass es krachte und ihm Hören und Sehen verging, ließ ihn dann liegen und ging davon. Als nun am Abend der Schmied mit der Nonne heimkam und nichts für beider Hunger fand, geriet er mit dem Bergmann in Streit und vermaß sich hoch und teuer, morgen, wenn er das Haus hüten müsse, da solle es keinem an Essen fehlen.

Als am andern Tage das Essen fertig war, kam das Männchen wieder, und diesmal hatte es drei Köpfe. Es klagte über Frost, und der Schmied hieß es, sich an den Ofen zu setzen. Als es darauf über Hunger klagte, teilte der Schmied von dem Essen etwas ab und setzte es ihm hin. Damit war das Männchen geschwind fertig. Es sah sich mit seinen sechs Augen begierig um und verlangte mehr, und als der Schmied sich weigerte, ihm mehr zu reichen, wollte es ihm mitspielen wie der Nonne und dem Bergmann. Der Schmied aber war nicht faul, nahm seinen großen Schmiedehammer, ging auf das Männchen los und schlug ihm zwei von seinen Köpfen ab, so dass das Männchen eilig die Flucht ergriff. Der Schmied lief ihm durch viele Gänge nach, bis es bei einer eisernen Tür plötzlich vor ihm verschwand. Nun musste der Schmied es aufgeben, das Männchen weiter zu verfolgen, nahm sich aber vor, nicht eher zu ruhen, als bis er mit seinen beiden Gefährten alles glücklich bestanden hätte. Indessen waren der Bergmann und die

Nonne nach Hause gekommen. Der Schmied brachte ihnen wie versprochen ihr Essen, erzählte ihnen sein Abenteuer und zeigte ihnen die abgehauenen Köpfe. Darauf beschlossen alle drei, sich von dem grauen Männchen, wenn es möglich wäre, ganz zu befreien. Am folgenden Tage gingen sie ans Werk. Sie mussten lange suchen, ehe sie die eiserne Tür fanden, bei der das Männchen gestern verschwunden war, und es kostete große Mühe, sie aufzusprengen. Da tat sich ein weites Gewölbe vor ihnen auf, darin saß ein schönes junges Mädchen an einem Tisch und arbeitete. Sie sprang auf und fiel ihnen zu Füßen, indem sie ihnen für ihre Befreiung dankte und erzählte, sie sei eine Königstochter und von einem mächtigen Zauber hierher gebannt worden. Gestern Mittag habe sie auf einmal empfunden, dass der Zauber gelöst sei, und seitdem habe sie jede Stunde auf Befreiung gehofft. Aber außer ihr sei noch eine Königstochter in dieses Schloss gebannt. Darauf gingen jene und suchten auch die andre Königstochter auf und befreiten sie. In großen Freuden dankte sie ihnen und sagte, dass auch sie gestern zu Mittag gefühlt habe, wie ihre Verzauberung gelöst sei. Nun erzählten die beiden Königstöchter ihren Befreiern, in verborgenen Kellern des Schlosses sei ein großer Schatz, den ein schrecklicher Hund bewache. Sie gingen los und fanden den Hund, und der Schmied erschlug ihn mit seinem schweren Hammer, wie er sich auch zur Wehr setzen mochte. Der Schatz aber war Gold und Silber, ganze Pfannen voll, und dabei saß ein schöner Jüngling. Der ging ihnen entgegen und dankte ihnen, dass sie ihn erlöst hätten. Er sei der Sohn eines Königs, aber von einem Zauberer in dieses Schloss gebannt und in das dreiköpfige Männchen verwandelt worden. Als er zwei von seinen drei Köpfen verloren hatte, da sei die Verzauberung der beiden Königstöchter gelöst worden, und als der Schmied den Hund erschlagen, da sei auch er erlöst gewesen. Dafür sollten sie nun den ganzen Schatz zum Lohne haben. Darauf ward der Schatz geteilt, und damit hatten sie lange zu tun. Die beiden Königstöchter aber heirateten aus Dankbarkeit für ihre Erlösung die eine den Schmied und die andere den Bergmann, und der schöne Königssohn heiratete die Nonne. So lebten sie in Frieden und Freude zusammen bis an ihr Ende.

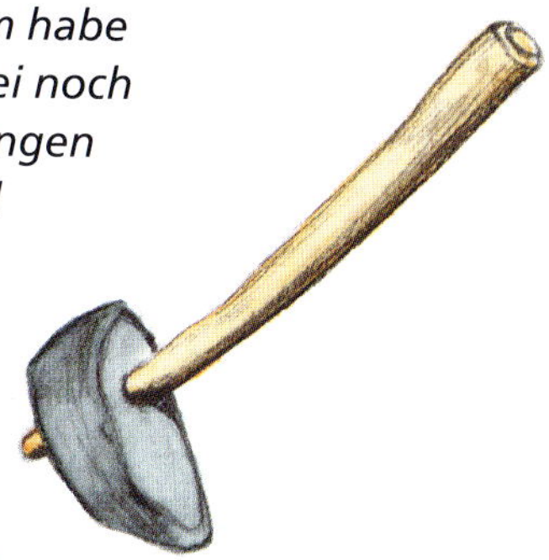

Geschwister – Küsse und Bisse

»Der Bruder war ganz traurig, denn wenn er auch immer mit seiner Schwester gezankt hatte, so hatten sie doch miteinander gespielt, und die Schwester hatte ihn vor den anderen Kindern beschützt. Als er groß war, beschloss er, sie zu suchen.«

Geschwisterbeziehungen sind oft kompliziert. In der Aufmerksamkeit der Eltern nehmen Geschwister immer verschiedene Plätze ein, schon deshalb, weil sie unterschiedlich alt sind. Dies gibt häufig Anlass zu Neid und Eifersucht. Andererseits sind sie starke Verbündete, wenn es gegen die Erwachsenen geht.

Eifersucht und Geschwisterrivalität

Liebe unter Geschwistern ist keineswegs eine Selbstverständlichkeit. Im Gegenteil, oft rivalisieren Geschwister und versuchen sich gegenseitig den Rang abzulaufen.

Geschwisterrivalitäten gehen in vielen Fällen vom älteren Kind aus. Wenn man sich einmal in die Lage eines kleinen Kindes versetzt, das ja vollkommen abhängig von Mutter und Vater ist, wird man vielleicht verstehen können, dass das neue Baby vom älteren Kind als Bedrohung erfahren wird. Plötzlich ist da noch jemand, der Aufmerksamkeit und Zuwendung beansprucht und sogar mehr davon bekommt, weil er gewickelt, gefüttert und getragen werden muss. »Und ich selbst«, wird sich das ältere Kind fragen, »kann ich dabei wirklich sicher sein, nicht auf der Strecke zu bleiben?«

Eifersucht ist ein Gefühl, das dem subjektiven Empfinden einer Gefahr Ausdruck verleiht. Ein sehr eifersüchtiges Kind fühlt sich auch sehr bedroht. Denken Sie daran, wenn Sie durch irgendwelche Szenen fürchterlich genervt sind. Es ist eigentlich ein Hilferuf.

Verstärkt werden solche Ängste noch, wenn plötzlich sämtliche Verwandte und Freunde zu Besuch kommen, um den neuen Erdenbürger zu begrüßen, mit Geschenken zu überhäufen und zu bewundern und dabei das erstgeborene Kind ganz übersehen.

Eifersuchtsgefühle lassen sich nie ganz vermeiden

Oft reagieren Kinder, die sich auf diese Weise »entthront« fühlen, auf das jüngere Geschwister mit Wut, auch dann, wenn sie sich selbst ein Geschwister gewünscht oder die Eltern es ausreichend auf das Baby vorbereitet haben. Eifersucht lässt sich nie ganz vermeiden, und Eltern tun gut daran, wenn sie ihrer oder ihrem Großen Verständnis entgegenbringen. Wenn Eltern hingegen mit Unverständnis und moralischen Appellen reagieren oder gar strafen, sind größere Komplikationen schon vorprogrammiert. Das Kind wird sich einerseits immer mehr zurückziehen, andererseits aber, weil es den Liebesverlust nicht ertragen kann, um Aufmerksamkeit kämpfen. Die Folge sind verstärkte Aggressionen, Szenen, Rache- und Hassgefühle gegenüber dem Geschwister und ständige Konflikte in der Familie.

Eifersucht muss nicht immer negativ wirken, sondern kann auch eine positive Kraft sein. Kinder, die sehr an die Mutter oder den Vater gebunden sind und Schwierigkeiten haben, sich abzulösen, können durch das neue Geschwister einen Impuls bekommen, sich vermehrt außerhalb der Familie zu orientieren, wodurch sie mit Sicherheit einen enormen Entwicklungsschub machen. Ebenso sind sie gezwungen, sich innerhalb der Familie neu zu behaupten und dem Platz gerecht zu werden, den sie nun als älteres Kind einnehmen. Sie sind nun nämlich nicht mehr das einzige oder jüngste Kind, sondern das ältere, und damit stehen ihm neue Rechte und Pflichten zu.

Die Rangordnung in der Familie

Für manche Menschen ist das Wort »Hierarchie« erschreckend. »In unserer Familie sind alle gleichgestellt«, hört man sie sagen. Wahrscheinlich haben solche Menschen in ihrer Herkunftsfamilie schlechte Erfahrungen gemacht und besetzen dieses Wort darum negativ, verwechseln es vielleicht mit Tyrannei. Hierarchie heißt aber einfach nur Rangordnung. Einer folgt gemäß einer bestimmten Ordnung dem anderen. Sind alle Mitglieder einer Familie gleichgestellt, wird diese Ordnung durchbrochen, folglich ist etwas in Unordnung geraten.
Kinder, die den Eltern gleichgestellt sind, werden in eine Pflicht genommen, die sie überfordert. Eltern sorgen für ihre Kinder, setzen ihnen Grenzen, sind ihnen Vorbilder, vermitteln Lebenserfahrung und Weisheit, geben ihnen Halt. Gleichgestellte Kinder würden demnach auch für ihre Eltern sorgen, ihnen Grenzen setzen, ihnen Vorbilder sein, ihnen Lebenserfahrung und Weisheit vermitteln und Halt geben. Es gibt tatsächlich Kinder, die diese Aufgabe übernehmen, weil die Eltern aus irgendeinem Grunde versagen – aber all diese Kinder tragen nachhaltige psychische Schäden davon.

Verdrängte Eifersuchtsgefühle verstärken die Aggressionen gegen das Geschwister und die »treulosen« Eltern. Deshalb ist es wichtig, dass das ältere Kind seine Aggressionen ausleben kann. Auch hier können Märchen wieder als Mittler oder Ventil wirken.

Auch die Rangordnung unter Kindern ist von großem Belang. Ältere Kinder haben mehr Rechte und mehr Pflichten als jüngere. Man kann von einem Zehnjährigen beispielsweise nicht verlangen, mit seinem dreijährigen Geschwister um sechs oder halb sieben Uhr ins Bett zu gehen. Ein Zehnjähriger bekommt 20 DM Taschengeld im Monat, ein Dreijähriger hingegen kann den Wert des Geldes noch gar nicht ermessen. Man kann

Hierarchie heißt Rangordnung. Rangordnung hat nichts mit Gewalt und Tyrannei zu tun, sondern eher mit Achtung, Weisheit und Konsequenz. In dem Augenblick, in dem eine Wertung hineingetragen wird, kommt es zu Konflikten. Niemand ist besser oder schlechter, weil er älter oder jünger oder größer oder kleiner ist.

von einem Zehnjährigen durchaus erwarten, mal eine halbe Stunde auf den Dreijährigen aufzupassen, aber umgekehrt geht das selbstverständlich nicht! Selbst der Hund nimmt in der Familie einen Platz ein, der seinem instinktiven Verständnis von Rangordnung entspricht – und zwar kommt er nach dem Herrchen/Frauchen und vor dem Kind. Wenn, wie das manchmal schon vorkam, ein Hund ein Kind angreift, wurde diese Rangordnung nicht eingehalten. Dann hat das Kind die Warnungen des Hundes, der vielleicht nicht berührt werden wollte, nicht verstanden und sich ihm übergeordnet. Weil kleine Kinder Rangordnungen nicht immer einhalten, sollten sie niemals mit Hunden alleine gelassen werden!

Neben dieser bewussten Hierarchie gibt es auch Unterschiede, die auf einer unbewussten Ebene ablaufen. Dazu gehört der Zusammenhang von Geschwisterreihen und dem Geschlecht. So zeigen Forschungen z. B., dass Mütter mehr mit ihren Töchtern als mit den Söhnen kommunizieren und sie zur Betreuung des jüngeren Geschwisters heranziehen. Ihre Söhne machen sie gezielter auf Gegenstände oder Ereignisse aufmerksam, unterbinden aber unliebsame Aktivitäten häufiger.

Wenn man sich dies alles einmal durch den Kopf gehen lässt, wird man merken, dass man sich selbst in die Tasche lügt, wenn man behauptet, in einer Familie müssten alle einander gleichgestellt sein.

Der Versuch, alle Kinder gleich lieb zu haben

Ebenso ist der Versuch von Eltern, alle Kinder gleich lieb zu haben, um ja keine Eifersuchtsgefühle heraufzubeschwören, zum Scheitern verurteilt. Liebe lässt sich nun mal nicht abwiegen oder abmessen, und Gefühle sind nicht starr, sondern schwanken. Das krampfhafte »Wir mögen alle gleich« und der Anspruch, Zuwendung absolut gerecht und gleich zu verteilen, lässt Eltern eher unglaubwürdig erscheinen. Wichtiger als diese zwanghafte Gleichbehandlung ist es, die jeweils positiven Eigenschaften eines Kindes zu erkennen und zu verstärken, an das Kind zu glauben und es in seiner Persönlichkeit zu würdigen. Kinder, die sich in ihrer Eigenartigkeit angenommen und wertgeschätzt fühlen, haben ein gesundes Selbstbewusstsein und neigen darum weniger zu Eifersucht.

»Unsere Große« – das erste Kind

Meist ist das erstgeborene Kind das konservative. Und das nicht nur, weil es schon frühzeitig lernt, die Familientradition weiterzuführen und in die Fußstapfen der Eltern zu treten, sondern auch aus diversen anderen Gründen.

Bis zur Geburt des zweiten Kindes genießt das erste die ganze Aufmerksamkeit der Eltern. Dann kommt das Baby, und das ältere Kind wird »entthront«. Das ist zweifellos hart und eine einschneidende Erfahrung. Das Kind sehnt sich nach der alten Zeit zurück, in der es über die ungeteilte Liebe der Eltern verfügen konnte, und schreibt so der Vergangenheit einen höheren Stellenwert zu als der Zukunft. Diese Ausrichtung nach der Vergangenheit hin bewirkt eine konservative Grundhaltung.

Das älteste Kind ist meist eher konservativ. Es ist Autoritäten gegenüber loyal, ist verantwortungsbewusst und bezieht seine Stärke aus der Vergangenheit, als es mit den Eltern noch allein war. Es identifiziert sich eher mit den Eltern.

So helfen Sie Ihrem erstgeborenen Kind

★ Übertragen Sie dem ersten Kind in Maßen Verantwortung. Trauen Sie ihm also bewusst etwas zu, werten Sie es auf, und würdigen Sie es in seiner Position als ältestes Kind.

★ Es ist wichtig, immer wieder auf das ältere Kind zuzugehen, vor allem, wenn es um Zärtlichkeiten geht. Oft ziehen sich die Erstgeborenen zurück, weil sie glauben, nicht liebenswert genug zu sein, vielleicht gar abgelehnt zu werden.

★ Wenn sich das ältere Kind Aufmerksamkeit zu holen versucht, indem es unartig ist, sollten Sie es nicht darin bestärken, indem Sie dem zu viel Bedeutung beimessen. Dafür sollten Sie das Kind immer loben, wenn es Lob verdient.

★ Unternehmen Sie regelmäßig etwas ganz alleine mit Ihrem älteren Kind, z. B. einmal die Woche gemeinsam schwimmen.

★ Auch Rituale sind für Kinder wichtig. Haben Sie das Baby gewickelt und schläft es, massieren Sie Ihrem Älteren die Füße, oder kraulen Sie ihm fünf Minuten lang den Rücken. Oder lesen Sie ihm ein Märchen vor!

★ Es gilt die Regel: Je stärker ein Kind von Erwachsenen abhängig ist, desto eifersüchtiger ist es. Und je mehr es mit Gleichaltrigen zusammen ist, desto selbstständiger ist es. Eine wissenschaftliche Studie zeigt, dass Kinder in Großfamilien oder Wohngemeinschaften kaum Eifersuchtsgefühle kennen.

Es liegt in der Natur der Dinge, dass das jüngere Kind – wenigstens für eine gewisse Zeit – die meiste Zuwendung bekommt, denn es muss gewickelt, gefüttert, getragen werden. Eltern tun gut daran, diese vermehrte Zuwendung beim älteren Kind auszugleichen, z. B. durch Rituale – wie Füße massieren, Rücken kraulen oder Ähnliches.

Auch dass das erstgeborene Kind mit der Ankunft des Babys als vernünftig in die Pflicht genommen wird, trägt dazu bei. Das Erstgeborene »hilft« bei der Erziehung. Es ist für das oder die jüngeren Geschwister Vorbild, hat seinem Alter gemäß mehr Macht und mehr Möglichkeiten, wird von den Eltern als das Vernünftigere gesehen und lernt so schon frühzeitig, dass es Autorität hat, und fordert sie auch ein.

Solange dies keine überzogenen Ausmaße annimmt, ist es zu begrüßen, wenn man das ältere Kind mit Aufgaben betraut, denn man traut ihm damit etwas zu, wertet es auf und gleicht so die Entthronung teilweise wieder aus. Das mindert die Eifersuchtsgefühle. Problematisch wird es wieder, wenn das jüngere Kind, das meist auch leichtlebiger ist, die Zuneigung der Mutter mit einer Leichtigkeit erobert, die dem älteren, vernunftbetonten Kind nicht möglich ist. Diese beneidenswerte Leichtigkeit kann dann die Eifersuchtsgefühle des Älteren wieder heraufbeschwören.

Ewig unterlegen – das zweite Kind

Das Drama des Entthrontwerdens bleibt dem zweiten Kind erspart, denn es gab in seinem Leben nie eine Zeit, in der es die Eltern ganz für sich alleine gehabt hätte. Von Beginn an lernt es, die elterliche Zuwendung zu teilen, und so wird es vom Wesen her in den meisten Fällen kooperativer und flexibler sein als das Erstgeborene. Es kann besser teilen, es hat den Wunsch zu vermitteln, und es wird oft auch auf eine verbissene Art ehrgeiziger sein als das ältere Kind. Ganz einfach, weil es sich von Anfang an nach oben orientieren musste. Egal, was auch immer das zweite Kind lernt, das erste kann es bereits und kann noch mehr. Das Jüngere wächst also in einer steten Wettkampfsituation auf und fühlt sich immer angespornt.

Allerdings kann auch das genaue Gegenteil eintreten: Das zweite Kind, und ganz besonders das mittlere, wird zum Versager. Die Gefahr ist dann am größten, wenn das erstgeborene Kind zusätzlich zu seinem altersgemäßen Vorsprung auch noch offensichtlich bevorzugt wird. So kann beim jüngeren Geschwister schnell das Gefühl entstehen: »Egal, was immer ich auch mache, ich kann es ja doch nie so gut!« Dieses negative Grundbefinden ist dann nicht nur der Auslöser für Eifersuchtsgefühle und Rivalitäten, sondern entmutigt das Kind oft in solchem Ausmaß, dass es seine Bemühungen aufgibt. Die Folge: Es wird in Bezug auf seine Projekte immer in den Anfängen stecken bleiben oder erst gar nichts in Angriff nehmen.

Ist das zweite Kind auch noch das mittlere, fühlt es sich unter Umständen von zwei Seiten bedrängt und benachteiligt. Das ältere Geschwister hat eine gewisse Vormacht- und Autoritätsstellung, das jüngere braucht mehr Pflege und beansprucht den Großteil der elterlichen Liebe und Zuwendung für sich. Das mittlere Kind kommt sich dabei verloren und überflüssig vor. Ob und inwieweit das mittlere Kind dies so erfährt, hat auch mit dem Altersabstand zu tun. Sind die Geschwister mindestens vier Jahre auseinander, dürfte es weniger Probleme geben, denn dann hatten sie ausreichend Zeit, die elterliche Zuwendung zu genießen und sich nach ihrem ganz eigenen Tempo zu entwickeln. Beträgt der Altersunterschied nur ein oder zwei Jahre, konkurrieren die Geschwister erfahrungsgemäß verbissener miteinander.

Noch vor hundert Jahren galt in England und den meisten anderen Ländern das »Erstgeburtsrecht«, wonach der erstgeborene Sohn das gesamte Familienvermögen erbte. Auch wenn es ältere Schwestern gab, der erste Sohn bekam alles. Er musste aber auch nach dem Tod des Vaters für die Familie sorgen.

So helfen Sie Ihrem zweiten Kind

★ Es ist wichtig, sich die oben beschriebene Situation des zweiten bzw. mittleren Kindes vor Augen zu führen, damit man seine Probleme versteht. Dann fällt es leichter, angemessen auf das Kind zu reagieren.

★ Während das erste Kind oft Probleme im emotionalen Bereich hat und von den Eltern zärtliche Zuwendung braucht, benötigt das zweite Kind viel Lob und Ermunterung in Bezug auf das, was es kann oder nicht kann.

★ Gibt es ein drittes Kind, sollte auch das zweite Kind mit verantwortungsvollen Aufgaben betraut und so gegenüber dem jüngeren Geschwister in seiner Stellung als Ältere(r) gewürdigt werden.

★ Für das zweite Kind sollten Sie vor allem regelmäßig etwas Zeit zur Verfügung haben. Regelmäßigkeit ist wichtig, damit das Kind sich darauf einstellen und freuen kann. Und wenn es nur eine oder zwei Stunden die Woche sind – Hauptsache, es hat die Mutter/den Vater einmal ganz für sich alleine.

Das Nesthäkchen

Häufig sind die jüngsten Kinder charmant und leichtlebig, denn es ist immer jemand da, der sich um sie kümmert. So haben sie viel Zeit, auch um sich mit sich selbst zu beschäftigen.

Das jüngste Kind wurde nie entthront, denn es hat ja keinen Nachfolger mehr. Naturgemäß bekommt es mehr Zuwendung als die Geschwister, denn es muss gefüttert, gewickelt und getragen werden. Weil sich die emotionale Zuwendung der Eltern nicht mehr auf einen Nachfolger konzentrieren muss, behält das jüngste Kind diese Rolle meist bei, unter Umständen lebenslang. Der/die Kleinste wird verhätschelt, umsorgt und verwöhnt und von den Eltern in Schutz genommen.

Dem Jüngsten kommt außerdem zugute, dass die Eltern keine überzogenen Ansprüche an ihre Erziehung mehr haben. So darf sich das jüngste Kind meist Dinge erlauben, von denen das älteste nur geträumt hat. Wen wundert es da, dass das jüngste Kind von den Geschwistern oft beneidet wird?

Aber natürlich erwachsen dem jüngsten Kind nicht nur Vorteile aus seiner besonderen Stellung. Gerade weil es so verwöhnt, verhätschelt und beschützt wurde, ist es oft zart besaitet und hat Probleme bei der Ablösung von den Eltern und mit dem Erwachsenwerden.

So helfen Sie Ihren älteren Kindern

★ Nehmen Sie das Nesthäkchen nicht immer in Schutz. Es muss lernen, sich selbst zu behaupten. Außerdem reagieren die älteren Geschwister auf solch übertriebenen Beschützerinstinkt nur mit Eifersucht und Aggression.

★ Beim Jüngsten sollten Eltern sehr bewusst darauf achten, es frühzeitig loszulassen. Gerade bei den Kleinsten ist die Gefahr, sie zu verhätscheln, sehr groß!

★ Achten Sie darauf, dass Sie die Älteren dem Kleinsten nicht ständig zum Vorbild geben und so seine Neidgefühle verstärken. Die Gefahr, dass das jüngste Kind zum schwarzen Schaf wird, ist groß.

★ In vielen Familien ist es aber auch so, dass das Nesthäkchen vieles tun darf, was den Größeren noch verboten war. Dann ist es wichtig, mit den Größeren zu reden, ihnen zu sagen, dass man selbst, und vielleicht sogar dank ihnen, den älteren Kindern, dazugelernt hat und die Dinge heute anders sieht als damals.

Einzelkinder

Auch Einzelkinder bleiben von Eifersuchtsgefühlen nicht verschont. Meist stehen sie im Mittelpunkt der Familie und bekommen besonders viel Aufmerksamkeit. Die Ansprüche, die sie an ihre Eltern stellen, sind manchmal völlig überzogen. Wenn sich die Eltern oder der allein erziehende Elternteil dann einem anderen Menschen zuwenden, zerspringen solche Kinder schier vor Eifersucht.
Für Einzelkinder ist es ganz besonders wichtig, regelmäßigen Kontakt zu Gleichaltrigen zu haben. Ebenso wichtig ist es, dass Eltern ihrem einzigen Kind frühzeitig beibringen, dass auch sie selbst ein Anrecht auf Selbstbestimmung haben. Selbstverständlich geht die Pflicht der Fürsorge immer vor, ein kleines Kind sollte niemals allein gelassen werden, und selbstverständlich brauchen Kinder ein großes Maß an Zuwendung und Aufmerksamkeit – aber ein Kind darf nicht über das Leben der Eltern bestimmen. Kinder brauchen Grenzen und Eltern, die den Mut und das Selbstbewusstsein haben, sie damit zu konfrontieren und, wenn nötig, Konsequenzen zu ziehen. Haben sie gelernt, Grenzen zu akzeptieren, werden sie mit ihren Beziehungen zu anderen Menschen zufrieden sein.

Einzelkinder müssen keine Wettbewerbe austragen. Ein starkes Selbstwertgefühl ist häufig die Folge. Sie sind dominant, wortgewandt und können Aufgaben alleine lösen. Allerdings fühlen sie sich manchmal einsam und haben Probleme damit, jemandem zu vertrauen.

Zwillinge

Es ist kaum zu glauben, aber auch Zwillinge haben eine Geburtenreihenfolge, selbst wenn nur wenige Minuten oder Stunden dazwischenliegen. Wie groß die Bedeutung ist, zeigt, dass jeder sofort darüber informiert wird, wer als Erster geboren wurde. Diese Tradition beginnt schon mit der Geschichte von Jakob und Esau in der Bibel, wo dem Gesetz nach dem Erstgeborenen das Erbe zustand. Die Folgen sind bekannt.
Tatsächlich gibt es Fälle von eineiigen Zwillingen, die ihr Leben lang miteinander konkurrieren, wobei der »jüngere« unter Minderwertigkeitsgefühlen zu leiden hat. Vielleicht ist es auch das Bedürfnis, irgendeinen Unterschied zu finden, um die eigene Identität und die eigene, unverwechselbare Biografie entwickeln zu können.

Noch deutlicher wird die Frage der Erst- oder Zweitgeburt bei zweieiigen Zwillingen. Sie sind meist so verschieden, dass sie wie jedes andere Geschwisterpaar behandelt werden.

Das bevorzugte Kind

Kränkelnde Kinder, behinderte Kinder, besonders begabte Kinder, der erstgeborene Stammhalter oder das lang ersehnte Mädchen – sie alle sind auf die eine oder andere Weise bevorzugte Kinder. Die Eifersuchtsgefühle, die sich aus einer übertriebenen Bevorzugung entwickeln, können in schlimmen Fällen in regelrechten Terror ausarten. Spricht man mit betroffenen Eltern, hört man sehr oft: »Aber was können wir denn tun? Wir müssen uns dem behinderten Kind doch besonders widmen, es braucht uns doch auch mehr.«

Weshalb Kinder letztlich miteinander rivalisieren, dazu gibt es zwei Theorien: Zum einen wird angenommen, dass um die Liebe der Eltern gekämpft wird, zum anderen, dass natürliche Vergleichsprozesse zwischen Geschwistern von den Eltern verstärkt werden.

Wenn Kinder so eifersüchtig sind, dass sie die ganze Familie terrorisieren, liegt so gut wie immer ein Erziehungsfehler vor. Am besten hört man den Kindern und sich selbst dann aufmerksam zu bzw. beobachtet sich. Vielleicht ist die Kritik des eifersüchtigen Kindes tatsächlich berechtigt. Vielleicht gibt man die Schuld an den Streitereien zwar nicht immer dem einen, aber zumindest doch sehr oft. Vielleicht ist man tatsächlich fixiert auf die Krankheit des Schwächeren und verstärkt sie so auch noch, während man den vermeintlich Stärkeren ausschließt. Vielleicht bekommt der begabte Sportler tatsächlich alle Aufmerksamkeit, und das andere, »durchschnittliche« Kind steht völlig in seinem Schatten.

Ein eifersüchtiges Kind braucht Zuwendung

Der erste Weg sollte der Versuch sein, die Seelenqualen des Kindes zu verstehen. Aufmerksame Selbstbeobachtung ist da besonders wichtig. Am besten, man führt über ein paar Wochen eine Art Tagebuch und schreibt immer auf, was einem Eifersuchtsdrama vorausging und wie oft man z. B. gesagt hat: »Du bist ja nur ein Mädchen.«

Eifersüchtige Kinder sollten für ihre Eifersucht niemals bestraft werden, denn das verstärkt die Eifersuchtsgefühle und die Aggressivität. Eifersüchtige Kinder brauchen vor allem Lob und zärtliche Zuwendung.

Haben Sie z. B. ein behindertes Kind, das besonders viel Zuwendung braucht, ist es wichtig, die kurze Zeit, die für das andere Kind/die anderen Kinder bleibt, umso intensiver zu gestalten.

Die Geschwisterproblematik im Märchen

Wenn das Schicksal von Geschwistern in Märchen, Sagen, Romanen oder Dramen behandelt wird, geht es immer um tief empfundene menschliche Gefühle, um Nähe und Vertrauen und um Feindseligkeit und Entfremdung.

Das Thema von Eifersucht und Geschwisterneid wird in Märchen sehr häufig behandelt, wobei es mal mehr und mal weniger im Vordergrund steht. Dabei geht es um Mord, Verrat, Intrigen, Unterdrückung, Diebstahl, Hass und Rache. Wenn ein Thema im Märchen so häufig und in so vielen Varianten wiederkehrt, bedeutet das, dass es uns Menschen seit Urzeiten tief bewegt und dass wir schon ebenso lange nach Wegen hin zu einer Lösung suchen.

Für ein Kind, das in seiner Eifersucht gefangen ist, scheint es zuallererst nur eine Lösung zu geben – das Entfernen des Geschwisters. Natürlich ist das nie eine Lösung, sondern diese ist immer die Aussöhnung mit den Eltern, den Geschwistern und letztlich mit sich selbst.

Aber wie kommt das Kind da hin? Das Wichtigste ist das Verständnis der Eltern. Fühlt sich das verunsicherte Kind wieder angenommen und geliebt, führt der weitere Weg über die Auseinandersetzung mit sich und den eigenen Gefühlen.

Ein guter Weg, sich in seiner Eifersucht zu erleben und sich mit ihr auseinander zu setzen, sind Märchen. Wer ein Märchen hört, hat die Möglichkeit, sein Problem auf das Märchen zu projizieren und so zu lösen.

Verbündete

Obwohl Geschwister als unangenehme Konkurrenten um die Gunst der Eltern empfunden werden, sind sie auch natürliche Verbündete, wenn es gegen irgendwelche erzieherischen Maßnahmen geht. Bei gemeinsamen Interessen werden die Gegensätze und Konflikte hintenangestellt. *Hänsel und Gretel* oder *Brüderchen und Schwesterchen* sind Märchen, die den Geschwisterbund beschreiben.

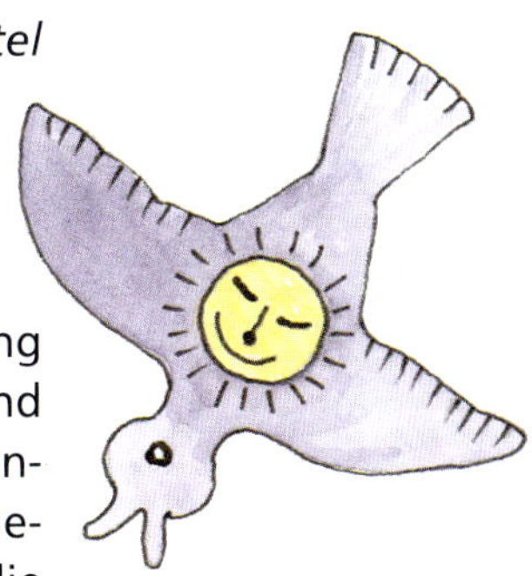

Der lange Weg zur Versöhnung

Das Märchen *Bruder und Schwester* endet mit der Versöhnung dieser beiden. Der Weg dorthin ist allerdings sehr weit und mühsam. Wenn wir uns die Rollen der beiden Geschwister einmal ansehen, stellen wir fest, dass der jüngere Bruder in Bewegung ist und auf die Schwester zugeht, während die Schwester erstarrt ist und auf ihre Erlösung wartet. So führt

uns das Märchen sehr deutlich vor, was tatsächlich sehr oft in Familien mit zwei Kindern passiert. Das jüngere und vermeintlich schwächere Kind wird von den Eltern in Schutz genommen. Dadurch erhält es weitere Bewegungsmöglichkeiten. Das ältere Kind wird ermahnt und an seine Vernunft erinnert, es wird also zu Starre verdammt.
Paradoxerweise erwarten wir dann aber gerade von dem Kind, das starr ist, die Bewegung auf das bewegliche Kind zu. Unser Märchen zeigt es aber besser. Der beweglichere Bruder macht sich auf die Suche nach seiner unbeweglichen, erstarrten Schwester. Das bedeutet einerseits, er will sie kennen und verstehen lernen, andererseits muss er aber auch über sich selbst und seine Gefühle mehr erfahren. Die Wanderschaft ist in solchen Fällen immer sehr nützlich.

Ein beschwerlicher Weg

Viele Männer stehen ihr Leben lang in enger Beziehung zu ihrer älteren Schwester, die wie eine Art zweite Mutter für sie sorgt. Dies ermöglicht ihnen häufig auch, ihre zärtliche, kommunikative Seite zu entwickeln.

Unser Märchenheld hat es nicht leicht. Das hohe Ausmaß seiner Buße lässt erkennen, dass er doch sehr an den Streitereien beteiligt gewesen sein muss. Schon auf seiner Wanderung durch die Oberwelt, die das Leben symbolisiert, muss er drei Stationen bewältigen, bis er mit Hilfe der Sonne seine Schwester findet. Auch die Tatsache, dass er etwas von sich opfern muss, um sie wieder zu finden, deutet darauf hin. Dann glaubt man schon, er hat sein Ziel erreicht, und doch rückt es nochmals in scheinbar unerreichbare Ferne. Ein zweites Mal muss er große Gefahren und eine mühsame Wanderung auf sich nehmen, um die Schwester zu erlösen, und noch nicht einmal dann ist es genug. Erst muss er noch zwölf Besen zu Asche kehren – eine Aufgabe, an der ein Mensch doch schier verzweifeln könnte. Aber er geht sie an, und das scheint dann auch schon zu genügen. Dass er es angeht, dass er es für sie tun will, ist der letzte Beweis für seine aufrichtige Liebe zu ihr, den er erbringen muss. Erst jetzt ist klar: Er wollte sie finden, er wollte sie erlösen, und ganz sicher wird er nach dieser Mühsal das verdiente Glück nicht wieder aufs Spiel setzen. Im konkreten Fall einer existierenden Familie bedeutet das nicht, dass die beiden Geschwister nie mehr streiten werden – aber sie haben doch zusammengefunden, sind bereit, füreinander einzustehen und das Wichtigste zu teilen, nämlich die Zuwendung der Eltern.

Bruder und Schwester

Es waren einmal ein Mann und eine Frau, die hatten zwei Kinder, die immerzu zankten. Die Schwester war aber noch zänkischer als der Bruder. Als es einmal gar zu arg wurde und der Bruder sich beim Vater recht bitterlich über die Schwester beklagte, sagte der Vater zu dieser: »Ach wärst du doch eine Taube und flögst aus dem Fenster!« Und kaum hatte er das gesagt, wurde sie tatsächlich zur Taube und flog aus dem Fenster davon. Als der Vater sah, was er angerichtet hatte, reute es ihn, und auch der Bruder war ganz traurig, denn wenn er auch immer mit seiner Schwester gezankt hatte, so hatten sie doch miteinander gespielt, und die Schwester, welche die ältere war, hatte ihn vor den anderen Kindern beschützt. Aber jetzt war er plötzlich alleine, und er dachte: »Ach wenn doch bloß meine Schwester bei mir wäre!«

So richtig vergnügt wurde der Bruder ohne die Schwester nicht mehr, und als er groß genug war, beschloss er sie zu suchen. Er ließ sich von der Mutter ein weißes Hemd nähen und den Namen der Schwester hineinsticken, vom Vater ließ er sich den Segen geben, und dann zog er fort. So geriet er in einen großen Wald, in dem ging er immerfort. Als es Abend wurde, kam er zu einem Häuschen, klopfte an, und da kam eine alte Frau heraus. Die bat er um ein Nachtquartier. Die Alte wollte es ihm auch gewähren, aber sie sagte, er müsse sich zuerst hinter dem Ofen verstecken, denn wenn ihr Sohn, der Wind, nach Hause käme, würde der ihn sicher in der Luft zerreißen. Der Jüngling versteckte sich also, und es dauerte auch nicht lang, da kam schon der Wind hereingefegt. »Mutter«, sagte er, »hier riecht es nach Menschenfleisch! Wo ist er, ich werde ihn in der Luft zerreißen!« Aber die Mutter holte den Jungen nicht eher aus seinem Versteck, als bis ihr der Wind dreimal versprochen hatte, ihm nichts zu tun. »Ah«, sagte der Wind, als der Jüngling dann vor ihm stand, »du siehst ziemlich hungrig aus! Komm her, und iss mit mir!« Das tat er auch, und als er satt war, erzählte er dem Wind, dass seine Schwester vom Vater in eine Taube verwünscht wurde und dass er ausgezogen war, sie zu suchen. »Wenn ich dir helfen soll, dann musst du bis

morgen Abend bleiben«, sagte der Wind, »denn tagsüber gehe ich aus und kann mich nach deiner Schwester umsehen.« Aber der Wind konnte die Schwester nirgends finden, und so musste der Jüngling weiterziehen. Als er wieder einen ganzen Tag durch den Wald gewandert war, kam er an ein anderes Haus. Wieder öffnete ihm eine Alte, auch sonst ging alles wie zuvor bei der Mutter des Windes. Die Alte wollte ihn schon hereinlassen, aber sie sagte ihm, er müsse sich zuerst hinter dem Ofen verstecken, denn wenn ihr Sohn, der Rabe, nach Hause käme, würde der ihm sicher etwas zuleide tun. Der Junge versteckte sich also, und es dauerte gar nicht lang, da kam auch schon der Rabe herein. »Mutter«, sagte er, »hier riecht es nach Menschenfleisch! Wo ist er, ich werde ihn töten!« Aber die Mutter holte den Jungen nicht eher aus dem Versteck, als bis ihr der Rabe dreimal versprochen hatte, ihm nichts zu tun. Wieder erzählte der Junge seine Geschichte und dass er seine Schwester suchen wolle. »Da musst du bis morgen Abend bleiben«, sagte auch der Rabe, »denn tagsüber fliege ich aus, dabei kann ich mich nach deiner Schwester umsehen.« Aber auch der Rabe konnte die Schwester nirgends finden, und so musste der Jüngling weiterziehen. Wieder kam er nach langer Wanderung an ein Haus, aber als er diesmal anklopfte, öffnete ihm eine junge, schöne Frau. Die war auch nicht so wild, sondern bat ihn freundlich herein und reichte ihm gleich zu essen und zu trinken. Das war aber die Sonne, und als er ihr alles erzählt hatte, versprach sie ihm, gleich am nächsten Tag zu sehen, ob sie seine Schwester ausscheinen könne. Und tatsächlich, die Sonne fand die Schwester. »Sie ist auf einer Insel mitten im großen Meer, über das niemand fahren kann«, erzählte sie am Abend, als sie in ihr Häuschen zurückkam. »Dort lebt sie in einem herrlichen Schloss, das auf einem hohen Berg steht. Du kannst sie aber befreien, wenn du tust, was ich dir sage.« Der Jüngling war einverstanden, und so gab ihm die Sonne eine schwarze Henne, die musste der Junge aufessen, aber die Knochen sollte er sorgfältig bewahren. Dann gab sie ihm noch ein Glas Sirup und sagte: »Gleich morgen geh zu dem großen Meer. Dort wirst du eine gläserne Brücke sehen, die führt übers Meer und hinauf zu dem Schloss, in dem deine Schwester sich befindet.

Sie ist aber so glatt, dass es unmöglich ist, sie zu ersteigen. Doch wenn du immer ein Knöchelchen von der Henne nimmst, sie in Sirup tauchst, dann auf die Brücke legst, wirst du darauf treten können und schließlich hinaufkommen.«
Am anderen Morgen verabschiedete sich der Jüngling von der Sonne und ging immerfort, bis er ans große Meer kam, wo die gläserne Brücke war. Er nahm ein Knöchelchen, tauchte es in den Sirup, legte es auf die Brücke und trat drauf, und so ging er weiter, Knöchelchen für Knöchelchen, Schritt für Schritt. Als er aber fast ganz oben war, bemerkte er, dass er ein Knöchelchen verloren hatte, und das fehlte ihm nun, um ganz nach oben zu kommen. Da nahm er sein Messer, schnitt sich den kleinen Finger ab, tauchte ihn in den Sirup, trat drauf und war endlich oben. Der Jüngling fand auch das Schloss und ging hinein, und wirklich, in einem der Zimmer lagen zwölf junge Mädchen schlafend in zwölf Betten, und eine davon war seine Schwester. Er legte ihr das Hemd aufs Kissen und ging ins nächste Zimmer, aber während er sich dort umsah, erwachte seine Schwester. Sie fand das Hemd mit ihrem Namen drauf, und da wusste sie, dass ihr Bruder hier gewesen war. »Ach«, rief sie, »wenn er doch zwölf Besen zu purer Asche gekehrt hätte, dann hätte er mich erlösen können. Aber nun bin ich verwünscht bis in die finstere Welt.« Als der Jüngling wieder in das Zimmer zurückkam, in dem er seine Schwester gefunden hatte, war sie fort, aber es lag ein Zettel neben ihrem Hemd, auf dem stand, dass sie nun bis in die finstere Welt verwünscht sei, weil er nicht zwölf Besen zu purer Asche gekehrt hatte.
Nun machte sich der Bruder auf den Weg zur finsteren Welt, denn er wollte die Schwester unbedingt befreien, koste es auch sein Leben. Er musste lange, lange wandern, bis er endlich an ein großes Meer kam. Da stand eine Mühle, und über dem Meer lag die finstere Welt. Er erzählte dem Müller von seiner Schwester und dass er in die finstere Welt müsse, um sie zu erlösen. Da sagte der Müller: »Jeden Tag kommt ein Rabe zu mir, der holt drei Tonnen Mehl für die finstere Welt. Da kannst du dich in eine Tonne setzen, und der Rabe wird dich mitnehmen. Aber du musst wissen, dass er die Tonne, wenn sie ihm entweder zu leicht oder zu schwer ist, ins Meer fallen

lässt und zurückkommt, um eine andere zu holen.« Der Jüngling wollte es trotzdem wagen und versteckte sich in einer der Tonnen, und am Morgen darauf kam der Rabe und nahm ihn mit. Aber als der Rabe fast drüben war, bemerkte er, dass ihr Gewicht nicht recht war, und ließ sie fallen. Da kam dem Jüngling der Wind zu Hilfe und trieb die Tonne ans Ufer der finsteren Welt. Dort kroch er heraus und schaute sich um. Er sah ein Schloss, da ging er hin und schlich sich hinein. Drinnen hörte er, wie zwei Mädchen sich unterhielten. »Ach, wann werden wir wohl endlich erlöst?«, fragte die eine, und die andere antwortete: »Da muss erst einer kommen und die zwölf Besen, die droben im Saale liegen, zu purer Asche kehren und muss die Asche zum Schlossgraben tragen und sie dort ins Wasser werfen. Dabei darf er sich aber keinesfalls umsehen, auch wenn einer ihn ruft und unbedingt zurückhalten will. Hat er das alles geschafft, erst dann sind wir erlöst. Aber es wird wohl keinen geben, der das vermag.« Da stieg der Junge sofort hinauf in den Saal und fand die zwölf Besen. Er nahm einen in die Hand und dachte: Wie lange es dauert, bis man nur einen Besen zu Asche gekehrt hat, und da soll ich gleich zwölf zu Asche kehren! Aber kaum hatte er zweimal hin und her gefegt, zerfiel der Besen auch schon zu Asche, und genauso ging es mit den anderen. Als die ganze Arbeit getan war, nahm der Jüngling sein Halstuch, kehrte die Asche hinein und trug sie zum Schlossgraben. Da hörte er eine Stimme hinter sich, die rief und drohte ihm, und er fühlte, wie ihn jemand packen wollte, aber der Jüngling ließ sich nicht beirren und lief immer weiter, ohne sich umzusehen.

Endlich, als er den Graben erreicht und die Asche ins Wasser geworfen hatte, gab es einen lauten Knall, und um ihn herum wurde es mit einem Mal heller Tag. Da war er wieder im Land der Sonne, und bei ihm waren seine Schwester und die elf anderen Mädchen, die er alle befreit hatte. Fortan blieben sie zusammen und lebten glücklich und zufrieden bis ans Ende aller Tage.

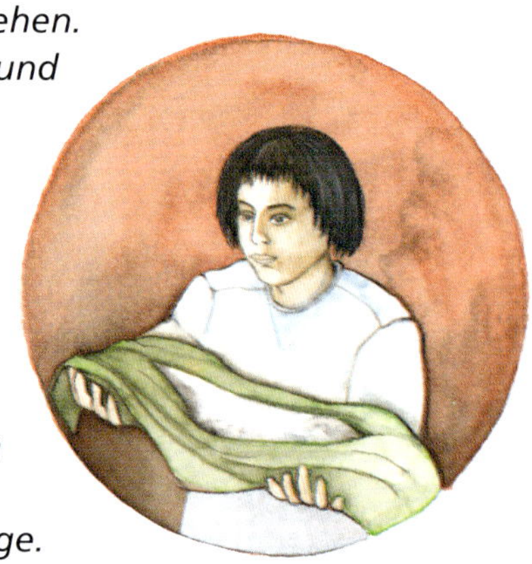

Das Märchen von der ungeliebten Mittleren

Im grimmschen Märchen von *Einäuglein, Zweiäuglein und Dreiäuglein* geht es um drei Schwestern. Es sind tatsächlich leibliche Schwestern, nicht wie so oft in Märchen Stiefschwestern. Die erste hat ein Auge in der Mitte der Stirn, die zweite zwei Augen wie jeder Mensch, die dritte drei Augen, wobei das dritte wiederum in der Mitte liegt. Die Mutter liebt aber nur die erste und die dritte Tochter, die zweite ist ihr mit ihren zwei Augen viel zu gewöhnlich.

Diese Konstellation gibt es in vielen Familien. Das erstgeborene Kind nimmt eine Vormachtstellung ein. Später einmal wird es das Erbe erhalten und in die Fußstapfen der Eltern treten. Das jüngste Kind braucht zunächst am meisten Zuwendung und wird, weil es keinen mehr gibt, der es entthront, auch späterhin verwöhnt. In der Mitte ist das Kind, das am wenigsten beachtet wird und sich oftmals als Puffer fühlt.

Mittlere Kinder laufen Gefahr, am wenigsten Zuwendung zu erhalten. Sie sind weder »Autorität« noch Nesthäkchen und haben die Eltern im Vergleich zu den erst- und letztgeborenen fast nie auch nur kurze Zeit allein für sich. Wichtig ist, dass so ein Kind ein Interessensgebiet für sich alleine findet, um sich profilieren zu können.

Wer bekommt den Prinzen?

In unserem Märchen wird die Situation des »überflüssigen« Kindes verdeutlicht, indem Zweiäuglein außer Hauses geschickt wird und dabei noch nicht einmal zu essen bekommt. Aber es wird beschützt, und zwar von einer »Frau«, wie es im Märchen heißt. Diese Frau ist niemand anderer als die »Große Mutter«, die Muttergöttin aus matriarchalen Zeiten, die hier als gute Mutter fungiert. Sie sorgt für Zweiäuglein, indem sie ihr ein »Tischleindeckdich« gibt.

Natürlich kommen die böse Mutter und die Schwestern bald hinter das Geheimnis von Zweiäuglein und nehmen ihr das Tischlein weg. Umsonst – die göttliche Kraft, der Glaube und das liebenswerte Wesen von Zweiäuglein siegen am Schluss doch über allen Neid und alle Zwietracht.

Das Märchen vermittelt dem zweiäugigen »Pufferkind« aber nicht nur Trost und Mut, sondern es versöhnt auch. Denn als die beiden Schwestern eines Tages völlig verarmt an die Tür des Schlosses klopfen, in dem Zweiäuglein mit ihrem Prinzen wohnt, werden sie aufgenommen, und es wird ihnen verziehen. Nur deshalb kann Zweiäuglein bis ans Ende aller Tage glücklich sein – weil es verziehen hat.

Einäuglein, Zweiäuglein und Dreiäuglein

Es war eine Frau, die hatte drei Töchter, davon hieß die älteste Einäuglein, weil sie nur ein einziges Auge mitten auf der Stirn hatte, die mittlere Zweiäuglein, weil sie zwei Augen hatte wie andere Menschen, und die jüngste Dreiäuglein, weil sie drei Augen hatte, und das dritte stand ihr gleichfalls mitten auf der Stirne. Weil aber Zweiäuglein nicht anders aussah als andere Menschenkinder, konnten es die Schwestern und die Mutter nicht leiden. Sie stießen es herum, gaben ihm nicht mehr zu essen, als was sie übrig ließen, und taten ihm Herzleid an, wo sie nur konnten.

Eines Tages, als Zweiäuglein beim Ziegenhüten war, setzte es sich auf einen Rain und weinte gar bitterlich, und wie es in seinem Jammer einmal aufblickte, stand eine Frau neben ihm, die fragte: »Zweiäuglein, was weinst du?« Zweiäuglein erzählte von seinem schweren Los, dass es nur herumgestoßen wurde und nichts zu essen bekam, als was die Schwestern ihm übrig ließen. Sprach die weise Frau: »Trockne deine Augen, ich will dir etwas sagen, damit du nicht mehr hungern sollst. Sprich nur zu deiner Ziege ›Zicklein meck, Tischlein deck‹, so wird ein Tischlein vor dir stehen mit dem schönsten Essen drauf, von dem du essen kannst, so viel du Lust hast. Und wenn du satt bist und das Tischlein nicht mehr brauchst, so sprich nur ›Zicklein meck, Tischlein weg‹, und es wird wieder verschwinden. Darauf ging die Frau fort, Zweiäuglein aber probierte es sofort aus, und tatsächlich, als es sagte ›Zicklein meck, Tischlein deck‹, stand sofort ein Tischlein mit den schönsten Speisen vor ihm. Und als es sich satt gegessen hatte und sprach ›Zicklein meck, Tischlein weg‹, war das Tischlein auch sogleich wieder verschwunden. Von da an war Zweiäuglein immer satt, und wenn es nach Hause kam und das irdene Schüsselchen fand, das ihr die Schwestern mit den kümmerlichen Resten hingestellt hatten, rührte es es nicht mehr an. Das verwunderte die Schwestern natürlich, und sie erzählten es der Mutter, und die beschloss, dass Einäuglein mit Zweiäuglein aufs Feld gehen sollte und beobachten, ob ihm jemand Essen und

Trinken brächte. Aber Zweiäuglein merkte, was Einäuglein im Sinn hatte, und als sie zusammen im hohen Gras saßen, sang es der Schwester ein Lied, damit sie müde werden und einschlafen sollte. »Einäuglein, wachst du? Einäuglein, schläfst du?«, sang es immerfort, und da tat Einäuglein das eine Auge zu und schlief ein. Als sie am Abend nach Hause gingen und Zweiäuglein wieder sein Schüsselchen unangerührt stehen ließ, konnte Einäuglein der Mutter nicht verraten, warum es nicht essen wollte, und musste zugeben, dass es eingeschlafen war. Am anderen Tag schickte die Mutter Dreiäuglein mit auf die Weide, dass es beobachten sollte, woher Zweiäuglein zu essen bekam. Aber Zweiäuglein merkte auch diesmal, was die Schwester im Sinn hatte, und als sie im hohen Gras saßen, sang es wieder ein Lied, damit Dreiäuglein einschlafen sollte. Sang: »Dreiäuglein, wachst du?« – aber statt dann weiterzusingen: »Dreiäuglein, schläfst du?«, sang sie aus Unachtsamkeit: »Zweiäuglein, schläfst du?«, und so fielen Dreiäuglein nur zwei Augen zu, das dritte aber blieb wach und konnte blinzelnd sehen, wie es kam, dass Zweiäuglein jeden Tag satt von der Weide nach Hause ging. Zu Hause erzählte es dann der Mutter von der wundersamen Ziege und dem Tischchen, und weil die nicht wollte, dass Zweiäuglein es besser hatte als sie selbst, holte sie ein Schlachtermesser und stieß es der Ziege ins Herz, damit sie tot hinfiel.

Zweiäuglein ging aufs Feld hinaus, setzte sich wieder auf den Rain und weinte bittere Tränen. Da stand auf einmal wieder die weise Frau neben ihr und sprach: »Zweiäuglein, was weinst du?«, und Zweiäuglein erzählte ihr, was geschehen war. Sprach die weise Frau: »Bitte deine Schwestern, dass sie dir das Eingeweide von der geschlachteten Ziege geben, und vergrab es vor der Haustür in die Erde, so wird's dein Glück sein.« Das tat Zweiäuglein auch, ging nach Hause und verlangte von den Schwestern das Eingeweide. Die lachten und sagten: »Kannst du haben, wenn du weiter nichts willst!« Am Abend vergrub es Zweiäuglein in aller Stille, und als die Schwestern am anderen Morgen vor die Tür traten, stand da ein gar wunderbarer Baum, der hatte Blätter von Silber und Früchte von Gold. Sie wussten aber nicht, wie der Baum dort hingekommen war, nur Zweiäuglein merkte, dass er aus dem

Eingeweide der Ziege aufgewachsen war. Da sprach die Mutter zu Einäuglein: »Steig hinauf, und brich uns die Früchte vom Baum ab.« Das tat Einäuglein auch, aber wie es nach einem von den goldenen Äpfeln greifen wollte, fuhr ihm der Zweig aus den Händen. Und so geschah es jedes Mal wieder, egal wie es sich auch bemühte. Da befahl die Mutter dem Dreiäuglein hinaufzusteigen, weil sie glaubte, dass es mit seinen drei Augen alles besser sehen konnte, aber Dreiäuglein war nicht geschickter und bekam keine Frucht zu fassen. Da sprach Zweiäuglein: »Ich will mich einmal hinaufmachen, vielleicht gelingt mir's eher.« Die Schwestern riefen zwar: »Du mit deinen zwei Augen, was willst du wohl!«, aber Zweiäuglein stieg hinauf, und die goldenen Äpfel fielen ihm wie von selbst in die Hand. Es pflückte ein ganzes Schürzchen voll und brachte sie mit herunter. Die Mutter nahm sie ihm ab, aber statt dass sie und die Schwestern das arme Zweiäuglein nun besser behandelt hätten, wurden sie nur noch neidischer und gingen noch härter mit ihm um.

Als sie einmal beisammen an dem Baum standen, kam ein junger Ritter daher. Da zwangen die beiden Schwestern Zweiäuglein, sich schnell zu verstecken, denn sie glaubten, dass sie sich ihrer vor dem feinen Herren schämen müssten. Als nun der Ritter näher kam, war es ein schöner Herr. Der hielt still, bewunderte den prächtigen Baum von Gold und Silber und sprach zu den beiden Schwestern: »Wem gehört dieser schöne Baum? Wer mir einen Zweig davon gäbe, könnte dafür verlangen, was er wollte.« Da antworteten sie, dass der Baum ihrer wäre und sie ihm wohl einen Zweig brechen könnten, aber als sie hinaufstiegen und nach den Zweigen zu greifen versuchten, wichen sie jedes Mal vor ihnen zurück. Da sprach der Ritter: »Das ist ja wunderlich, dass der Baum euch gehört und ihr doch nicht die Macht habt, etwas davon abzubrechen. Da hatte Zweiäuglein endlich den Mut und kam aus seinem Versteck hervor, in das die Schwestern es gezwungen hatten. »Mir gehört der Baum«, sagte es, »und ich kann euch sehr wohl einen Zweig davon brechen.«

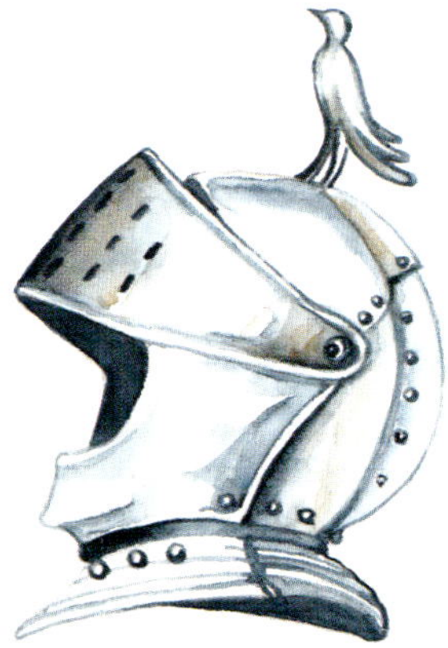

Der Ritter staunte über Zweiäugleins große Schönheit, und als sie den Zweig ganz leicht gebrochen hatte und ihn dem Ritter hinhielt, fragte er: »Zweiäuglein, was soll ich dir dafür geben?« »Ach«, antwortete Zweiäuglein, »ich leide hier nur Kummer und Not: Wenn ihr mich mitnehmen und erlösen wollt, so wäre ich glücklich.« Da hob der Ritter Zweiäuglein auf sein Pferd und brachte es heim auf sein väterliches Schloss.

Er gab ihm schöne Kleider, Essen und Trinken nach Herzenslust, und weil er es so lieb hatte, feierte er mit ihm Hochzeit. Wie nun Zweiäuglein so von dem schönen Ritter fortgeführt ward, da dachten die neidischen Schwestern: »Der wunderbare Baum bleibt uns doch, und können wir auch keine Früchte davon brechen, so wird doch jeder davor stehen bleiben, zu uns kommen und ihn rühmen!« Aber am anderen Morgen war der Baum verschwunden und ihre Hoffnung dahin. Und wie Zweiäuglein zu seinem Kämmerlein hinaussah, so stand er zu seiner großen Freude davor und war ihm also nachgefolgt. Zweiäuglein lebte lange Zeit vergnügt. Einmal kamen zwei arme Frauen zu ihm aufs Schloss und baten um ein Almosen. Da sah ihnen Zweiäuglein ins Gesicht und erkannte seine Schwestern, die so in Armut geraten waren, dass sie umherziehen und vor den Türen ihr Brot suchen mussten. Zweiäuglein aber hieß sie willkommen und tat ihnen Gutes und pflegte sie, also dass die beiden von Herzen bereuten, was sie ihrer Schwester in der Jugend Böses angetan hatten.

Drei mal drei ist zehn?

»Stell dir vor, du liegst auf einer kleinen weißen Wolke. Sie ist ganz weich und hüllt dich ein. Über dir ist die Sonne. Sie lächelt dir freundlich zu und passt auf dich auf.«

Ist das nicht eine wunderbar entspannende Vorstellung? Solche Phantasiereisen sind die ideale Auszeit für Kinder, die sich beim Lernen so verkrampfen, dass ihnen rein gar nichts mehr einfällt. Anstatt immer häufiger am Schreibtisch zu sitzen und vergeblich zu büffeln, ist es besser, hin und wieder gezielt abzuschalten. Das erfrischt und erweitert den Blick für Alternativen.

Geduld und innere Stärke

Ein gesundes Selbstbewusstsein ist die Voraussetzung für gute schulische Leistungen.

Schulprobleme wirken sich unmittelbar auf das Selbstbewusstsein des Kindes aus. Über diese Tatsache sollte man sich auch von solchen Problemkindern nicht hinwegtäuschen lassen, die sich in eine Macht-mir-doch-nichts-aus-Haltung flüchten oder sich als ganz besonders stark und selbstbewusst hervortun. Sie sind es nicht! Sie versuchen mit ihrer Haltung lediglich ihre innere Verunsicherung zu überspielen.

Kinder, die sich ewig als Versager sehen, verinnerlichen dieses Bild von sich und sehen oft keinen Ausweg mehr aus ihrer Misere. Zudem befinden sie sich ständig im Stress, und unter Stress lässt sich bedeutend schwerer lernen. Was diesen Kindern helfen kann, ist das Gefühl, trotz ihrer minderen Schulleistung angenommen und geliebt zu sein, und die Hoffnung, trotzdem einmal ihren Weg zu machen. Drohungen wie: »Wenn du nicht endlich lernst, landest du noch in der Gosse!« haben mit Sicherheit negative Auswirkungen. Hingegen verändern sich die schulischen Leistungen aus einem gestärkten Selbstbewusstsein heraus meist positiv. Dazu gehört auch, den Kindern die Verantwortung für die Schule zu überlassen. Das heißt natürlich nicht, sie allein zu lassen, sondern ihnen das Gefühl zu geben, dass sie den Anforderungen gewachsen sind. Machen Sie also das Problem Ihres Kindes nicht zu Ihrem eigenen, sondern überprüfen Sie Ihre Einstellung zu Erfolg oder Misserfolg Ihres Kindes in der Schule.

Denken und Lernen – Prozesse im Gehirn

Das Gehirn besteht aus zwei Hälften, der linken und der rechten Hemisphäre. Die linke Hemisphäre ist für das logisch-analytische Denken zuständig, dort werden Gedanken verkettet, Wahrnehmungen zergliedert und aufgrund von Fakten logische Schlussfolgerungen gezogen. Konkret: Dort werden u. a. kausale Zusammenhänge begriffen und mathematische Probleme gelöst. Die rechte Hemisphäre übernimmt das ästhetische und ganzheitliche Denken, hat keinen rationalen An-

spruch, reagiert intuitiv. Man könnte sagen, dort findet das musische, bild- und gefühlsorientierte Denken statt.
Ein Kind, das in der Schule sehr gute Noten hat, wird eher ein »linksorientierter Denker« sein, da unser Schulsystem überwiegend auf das Tatsachengedächtnis ausgerichtet ist. Die Montessori- und Waldorfschulen machen eine Ausnahme.
Ist Ihr Kind aber mehr musisch ausgerichtet und intuitiv begabt, ist es vermutlich ein »rechtsorientierter Denker«.
Doch trotz dieser Aufgabenverteilung ist immer das gesamte Hirn am Lernprozess beteiligt, denn Erinnerungen werden grundsätzlich im gesamten Hirn gespeichert. Einige Forscher nehmen sogar an, dass an bestimmten Denkvorgängen, wie beispielsweise dem Erinnern, jede einzelne Zelle unseres Körpers beteiligt ist, was einen gar nicht mehr so verwundert, wenn man sich bewusst macht, dass ja auch der Entwurf des gesamten Körpers (das Genmaterial) in jeder einzelnen Zelle vorhanden ist.

Die Fähigkeit, intuitiv und über Bilder zu lernen, ist beispielsweise bei Legasthenikern besonders ausgeprägt. Auch Einstein war Legastheniker. Diese Qualität wird im klassischen Schulunterricht zum Problem. Wer nicht funktioniert, bleibt zurück.

Auch Einstein war ein schlechter Schüler

Albert Einstein, einer der größten Denker des 20. Jahrhunderts, konnte angeblich seine beiden Gehirnhälften gleichzeitig einsetzen und so seine bildliche Vorstellungskraft mit dem logischen Verstand verknüpfen – und auf diese Weise entstand dann auch seine Relativitätstheorie.
Aber Einstein – er war übrigens als schlechter Schüler verschrien – ist nicht der Einzige mit dieser Begabung. Die meisten Kinder verfügen über eine natürliche Fähigkeit, eine Verbindung zwischen ihren sinnlichen oder intuitiven und ihren logischen Wahrnehmungen herzustellen. Später allerdings, wenn sie auf das analytische Denken trainiert werden, nimmt diese Fähigkeit leider oft drastisch ab.
Kinder erfassen also die Dinge nicht so sehr in Worten (logisch) als in ihrer gesamten Bedeutung (intuitiv). Lerninhalte, die plastisch dargestellt und in entspannter Situation erarbeitet werden, prägen sich infolgedessen bildhaft ein und können mit logischen Denkmustern verknüpft werden. Das Verknüpfen von Intuition und Logik ergibt ein besseres Verständnis für Zusammenhänge. Daraus resultieren bessere Noten, daraus wiederum ein größeres Selbstbewusstsein.

Nicht nur der Kopf lernt

Lernpsychologen behaupten, dass die Rolle der Sinne beim Lernen und Behalten folgenden Stellenwert hat:

Die Rolle der Sinne beim Lernen	Die Rolle der Sinne beim Behalten
★ Schmecken und Fühlen 1%	★ Lesen 10%
★ Riechen 3%	★ Hören 20%
★ Hören 12%	★ Sehen 30%
★ Sehen 83%	★ Sehen und Hören zusammen 50%
★ Erzählen 70%	★ Es selbst tun 90%

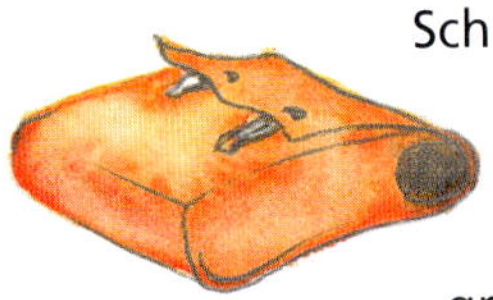

Wenn man sich vor Augen führt, wie der Unterricht an unseren Schulen aufgebaut ist, wird klar, dass Kinder in vielen Fällen Stoff auf eine Weise pauken müssen, die nicht ihren natürlichen Lernmöglichkeiten entspricht. Lesen und Hören steht, zumindest ab dem dritten Schuljahr, im Vordergrund. Gemeinsames Erzählen und eigenes Tun hat dann nur noch einen relativ geringen Stellenwert.

Mit Phantasiereisen zu entspanntem Lernen

Das Vorstellen von beruhigenden Bildern wirkt heilend auf die Seele. Nicht nur die Psychotherapeuten machen Gebrauch von dieser Methode, sondern z.B. auch die Onkologen, die sie zur Krebsbekämpfung einsetzen.

Aufgrund von speziellen Vorgängen im Gehirn kann ein Mensch sich in entspanntem Zustand Informationen besser einprägen, sind ihm Bilder, Vorstellungen und Ideen leichter zugänglich und können plötzlich Lösungen für schwierige Probleme gefunden werden. In Stresssituationen hingegen fällt das Lernen ungleich schwerer. Entspannungsübungen vor dem Lernen erhöhen deshalb die Lernfähigkeit Ihres Kindes.

Einfache Imaginationsübungen

Eine sehr einfache Methode, die zur Entspannung führt, ist das Imaginieren (Vorstellen) von beruhigenden Bildern. Solche »Phantasiereisen« können sich ganz verschiedenartig gestalten und je nach Inhalt und Intensität auf ganz verschiedenen Gebieten eingesetzt werden. Sie können ein therapeutisches Hilfsmittel sein, um neurotische Störungen zu beheben, sie können sogar helfen, Krebs oder andere schlimme Krank-

heiten zu heilen. Sie können aber auch »nur« der Entspannung und damit der Förderung der Kreativität dienen.
Solche einfachen Phantasiereisen können Sie selbst anleiten. Versuchen Sie es doch einfach mal. Vielleicht nimmt Ihr Kind diese Übungen dankbar an und findet damit wieder zu seinem Selbstvertrauen.
Natürlich kann man von diesen Übungen nicht sofort irgendwelche Wunder erwarten, aber nach einiger Zeit können sich die meisten Kinder besser konzentrieren, und das Lernen fällt ihnen etwas leichter.
Wenn Sie Kinder durch solche Entspannungsübungen führen wollen, sprechen Sie betont ruhig, langsam und mit Pausen. Gedankenstriche im Text fordern dazu auf, ein paar Sekunden verstreichen zu lassen, bevor man weiterspricht. Da die Phantasiereise die Konzentration und Lernfähigkeit unterstützen soll, ist es angebracht, sie über einen längeren Zeitraum hinweg regelmäßig und vor den Hausaufgaben zu machen.
Ständige Wiederholungen sind langweilig, und gelangweilte Kinder werden schnell unmutig. Deshalb werden hier drei verschiedene Phantasiereisen angeboten, damit Sie abwechseln können.

Gerade wenn es um Schulstress geht, kann eine entspannte Eltern-Kind-Beziehung deutlich zur Besserung des Problems beitragen. Spannungen hingegen verschlimmern alles nur noch mehr.

Einstimmung

Erklären Sie Ihrem Kind oder den Kindern Ihrer Gruppe, dass Sie zusammen mit ihnen ein Phantasiespiel machen wollen, das es ihnen vielleicht ermöglicht, leichter zu lernen, mehr Spaß dabei zu haben und ausgeglichener zu sein. Wenn Ihr Kind oder eines der Kinder nicht mitmachen möchte, fordern Sie es auf, einfach nur die Augen zu schließen und bis zum Ende der Phantasiereise ruhig dazusitzen. Erfahrungsgemäß kann es sich seiner Neugierde und Phantasie nicht entziehen und steigt dann doch noch mit ein.
Wenn Sie es mit einem überaktiven Kind zu tun haben, kann es sein, dass es herumzappelt – lassen Sie es, zwingen Sie es nicht zur Ruhe, sorgen Sie aber dafür, dass es dabei andere nicht stören kann, denn sonst löst sich die besinnliche Stimmung sofort auf. Das geht am besten, wenn Sie zuvor ein paar Regeln aufstellen, die verbindlich sind.

Das Erlebnis der Phantasie

Fordern Sie Ihr Kind auf, sich bequem hinzusetzen oder auf den Boden zu legen, die Augen zu schließen und eine Weile auf den eigenen Atem zu hören, ohne ihn irgendwie zu verändern. Er kommt wie eine Meereswelle, füllt die Lunge und verschwindet dann wieder im Ozean der Luft.
Sprechen Sie mit ruhiger Stimme einen der folgenden Texte.

Däumling in der Nussschale

Stell dir vor, du wirst ganz klein, so klein wie der Däumling im Märchen. Jetzt kommt eine gute Fee, nimmt dich und setzt dich in eine Nussschale. Dann setzt sie die Nussschale in einen Suppenteller, der mit klarem Wasser gefüllt ist.

Du machst es dir ganz bequem in deiner Nussschale, und die Fee deckt dich mit einer weißen Daunenfeder zu. Dann taucht sie ihren Finger ins Wasser und macht ganz leichte Wellen, so dass deine Nussschale sanft auf dem Wasser schaukelt.
Du fühlst dich in deiner Nussschale ganz geborgen und weißt, dass dir gar nichts passieren kann, denn deine gute Fee passt auf dich auf. Stell dir vor, wie schön es ist, in deiner Nussschale auf dem Wasser zu schaukeln.
Zufrieden schaukelst du auf den Wellen auf und ab und träumst dabei von etwas ganz Schönem.
Auf und ab schaukelst du und bist ganz entspannt dabei –
du bist jetzt ganz zufrieden und fühlst dich gut.
Du schaukelst immer noch ganz sanft hin und her.
Wenn ich gleich dreimal in die Hände klatsche, öffnest du die Augen, dann fühlst du dich frisch und ausgeruht, und alles, was du heute lernst, behältst du leicht und kannst dich jederzeit daran erinnern.
(Dreimal in die Hände klatschen.)

Eine Wolkenreise

Stell dir vor, du liegst auf einer kleinen weißen Wolke. Sie ist ganz weich und hüllt dich ein. Über dir ist die Sonne, sie lächelt dir freundlich zu und passt auf dich auf.
Nun setzt sich die Wolke in Bewegung und schaukelt dich sanft über das weite Meer. Dabei lehnst du dich wohlig zurück.
Jetzt stoppt die Wolke. Du setzt dich auf und siehst, dass neben deiner kleinen weißen Wolke eine kleine hellblaue Wolke ist. Du kletterst hinüber und machst es dir wieder bequem.
Die Wolke setzt sich nun in Bewegung und trägt dich über einen hohen Berg. Das fühlt sich an, als ob dich jemand in den Armen hält und leicht auf den Knien schaukelt.
Wieder hält die Wolke an, du siehst dich um und entdeckst eine rosa Wolke neben dir. Du kletterst hinüber, und sobald du es dir bequem gemacht hast, schaukelt dich die Wolke ganz sanft über einen schönen grünen Wald.
Da stoppt auch diese Wolke. Du siehst auf und entdeckst neben dir deine kleine weiße Wolke, die dich am Anfang übers Meer gebracht hat. Du kletterst auf sie, sie hüllt dich wieder ganz zärtlich ein und schaukelt dich weiter über Feld und Wiesen.
Weiter und immer weiter bewegt sie dich sanft mal hin und mal her. Jetzt landet die kleine weiße Wolke. Du siehst dich um und bemerkst, du bist zu Hause in diesem Zimmer. Du bleibst noch ein wenig liegen, bist dabei ganz zufrieden und fühlst dich gut.
Und wenn ich gleich dreimal in die Hände klatsche, öffnest du die Augen, dann fühlst du dich ausgeruht, und alles, was du heute lernst, behältst du leicht und kannst dich jederzeit daran erinnern. (Dreimal in die Hände klatschen.)

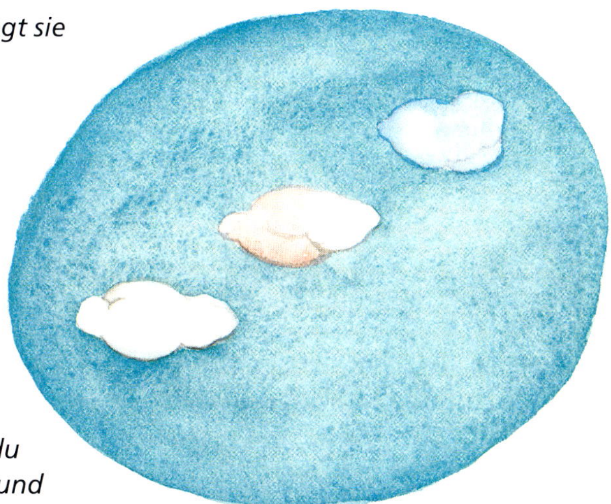

In der Hängematte

Stell dir vor, du bist auf einer schönen grünen Wiese. Dort stehen zwei blühende Bäume, an denen eine Hängematte befestigt ist.
Du gehst hin, legst dich in diese Hängematte, schließt die Augen und lässt dich vom Wind schaukeln.
Ganz sanft bläst er dich mit seinem warmen Hauch immer wieder an, so dass du hin und her wiegst.
Fühle die Bewegung, und lass es dir einfach nur gut gehen – hin und her, hin und her.

Im Baum über dir sitzt eine Amsel und pfeift ein Lied. Du hörst dem Lied zu, und der Wind schaukelt dich weiter sanft hin und her, hin und her.
Du bist jetzt ganz zufrieden und fühlst dich gut.
Weiter schaukelt dich der Wind in deiner Hängematte, dabei lässt du es dir gut gehen und träumst von etwas Schönem.
Und wenn ich gleich dreimal in die Hände klatsche, öffnest du die Augen, dann fühlst du dich ausgeruht, und alles, was du heute lernst, behältst du leicht und kannst dich jederzeit daran erinnern.
(Dreimal in die Hände klatschen.)

In die Wirklichkeit zurückkommen

Der jeweils letzte Satz »Und wenn ich gleich dreimal in die Hände klatsche, öffnest du die Augen, dann fühlst du dich ausgeruht, und alles, was du heute lernst, behältst du leicht und kannst dich jederzeit daran erinnern« – soll nicht mehr sanft und eindringlich, sondern in aufforderndem, fröhlichem Tonfall gesprochen werden. Wenn das Kind die Augen geöffnet hat, soll es sich fest recken und strecken, damit die Muskeln wieder durchblutet werden. Möchte es dann über die Phantasiereise und das, was es erlebt hat, sprechen, sollten Sie ihm die Möglichkeit geben.

Herzensbildung – was den Dummling immer siegen lässt

Wer sich mit dem Thema »Lernen im Märchen« beschäftigt, stößt unwillkürlich auf unzählige Geschichten, die sich um den Dummling drehen. Dass er, ganz im Gegensatz zu seinen meist gescheiten Brüdern, die schwierigsten Aufgaben besteht, hängt damit zusammen, dass er über etwas verfügt, was sie verloren oder nie besessen haben, nämlich Herzensbildung. Der Begriff »Herzensbildung« sagt schon, worum es geht, wenn einer im Leben nicht nur gesellschaftlich Karriere machen, sondern auch auf einer anderen Ebene weiterkommen will. Er sollte über eine gewisse Allgemeinbildung verfügen und dabei sein Herz am rechten Fleck haben. Damit wird er vielleicht kein Millionär, aber er wird den »Schatz in seinem Innersten« finden und »König in seinem eigenen Land« werden. Vielleicht hilft diese Sicht manchen Eltern, sich mit weniger guten Schulnoten zufrieden zu geben und ihre Kinder in der Ansicht zu bestärken, dass die Fähigkeit zu Liebe und Freundschaft wichtiger ist als ehrgeiziges Streben.

In »Lernmärchen« geht es meist nicht um das stumpfsinnige Büffeln, sondern darum, etwas fürs Leben zu lernen und kreativ mit dem erworbenen Wissen umzugehen. Wer das kann, vermittelt das Märchen, ist niemals verloren!

Das von mir ausgesuchte Märchen zum Thema »Lernen« heißt *Die drei Sprachen.* Weil das zugrunde liegende Problem und seine Ursachen bzw. die mögliche Lösung dadurch besser zutage treten, ist die Besprechung des Märchens in zwei Teile aufgeteilt und jeweils mit einer Überschrift versehen. Der Begriff »Vater« steht dabei aber nicht nur für den tatsächlichen Vater, sondern auch für das Väterliche in der Welt: gesellschaftliche Anforderungen, Lehrer und Lehrerinnen, Gottvater.

Erster Teil: Der ehrgeizige, fordernde Vater

Vielleicht hat ein Kind seine Stärken nicht in dem Bereich, der für seine Eltern besonders wichtig ist. Wenn dann nur diese Leistungen zählen, ist es kein Wunder, wenn das Kind unglücklich und wenig selbstbewusst ist, obwohl es in anderen Bereichen außerordentlich begabt ist.

Die Situation, die das Märchen in den Anfangssätzen beschreibt, ist Eltern und Kindern wohl hinreichend bekannt. Ein Graf ist mit den schulischen Leistungen seines Sohnes nicht zufrieden. »Ich bringe nichts in deinen Kopf hinein, ich mag es anfangen, wie ich will«, beklagt er sich und schickt ihn in eine ferne Stadt zu einem berühmten Meister, damit er dort etwas Vernünftiges lernt.

Man kann sich gut vorstellen, was diesem Gespräch zwischen Vater und Sohn vorausgegangen ist: monate-, vielleicht jahrelanger Stress bei den Hausaufgaben. Das Kind, noch müde von der Schule und körperlich völlig unausgelastet, bringt einfach nichts mehr in den Kopf hinein. Die Mutter oder der Vater, frustriert vom ewigen Streit und der unangenehmen Aufgabe, das Kind zu etwas zwingen zu müssen, was es nicht leisten kann, schreit und schlägt mit der Hand auf den Tisch oder vielleicht sogar dem Kind ins Gesicht. Die Szene endet mit Tränen, und nicht selten weinen beide. Gebracht hat das alles aber gar nichts! Das Kind ist nicht gescheiter geworden, die Eltern sind noch frustrierter als vorher.

Enttäuschte Hoffnungen

Die Situation hat sich schließlich so weit zugespitzt, dass das Kind zu einem großen Meister in die ferne Stadt geschickt wird (Internat/Nachhilfestunden). Und als es nach einem Jahr wieder nach Hause kommt, fragt der Vater hoffnungsvoll: »Nun, mein Sohn, was hast du gelernt?«

»Ich habe gelernt, was die Hunde bellen«, antwortet das Kind zum Entsetzen des Vaters.

Man kann sich vorstellen, dass der ehrgeizige Vater mit dieser Antwort nicht zufrieden ist. Was die Hunde bellen, scheint als Wissensschatz auf den ersten Blick ja auch komplett unsinnig zu sein. Und wenn der Vater jetzt zornig wird – hat er doch in den Spross investiert –, dann scheint das nur zu verständlich.

Das Kind bekommt eine zweite Chance – oder sollte man nicht besser sagen, der Vater bekommt sie? Es wird in eine andere Stadt zu einem anderen großen Meister geschickt, und natürlich endet auch dieses Lehrjahr als vermeintliches Fiasko. Der Sohn lernt diesmal, »was die Vögli sprechen«, und der Vater ist darüber wütender denn je. Er beschimpft ihn, statt sich mit dem neu erworbenen Wissen des Sohnes auseinander zu setzen. Würde er dies tun, hätte er die Möglichkeit zu erkennen, wie viele ungeahnte Chancen es in sich birgt.

Der Vater schickt den Sohn ein drittes Mal fort, aber auch dieses Lehrjahr scheint für die Katz gewesen zu sein, denn diesmal antwortet der Junge auf die obligatorische Frage: »Ich habe gelernt, wie die Frösche quaken«, und der Vater ist darüber so wütend, dass er ihn verstößt und sogar anordnet, ihn zu töten, was nur deshalb nicht geschieht, weil der beauftragte Diener Mitleid hat und statt des Sohnes ein Reh erschießt.

Setzen wir für das Wort »verstoßen« den Begriff »sich abwenden« und für das Wort »töten« den Begriff »ihn aufgeben« ein, wird klar, dass das Märchen weiterhin eine ganz reale Situation beschreibt. Das Kind, das den Leistungsanforderungen nicht entspricht, wird zuerst gedrillt, und nützt das nichts, wird es schließlich von Lehrern und/oder Eltern als Schulversager und Querulant aufgegeben.

Zweiter Teil: Der verständnisvolle, liebende Vater

Nach Lektüre des ersten Teiles des Märchens hat man vielleicht den Eindruck, es sei als Lehrstück nur für Eltern und Erzieher gut, und man fragt sich darum: Wie kann es dem Kind selbst helfen? Die Antwort liegt im zweiten Teil.

Manchmal muss sich ein Kind Förderer außerhalb der Familie suchen, damit es Bestätigung bekommt. Dies stellt hohe Anforderungen an die Bereitschaft der Eltern, ihr Kind loszulassen und zu akzeptieren, dass sie ihm alles, was es braucht, nicht bieten können.

Das Kind, inzwischen ausgesetzt, einsam und alleine, wandert auf der Suche nach seiner Bestimmung durch die Welt. Es kommt zu einer Burg, und dort erfährt es von Menschen fressenden Hunden, die die ganze Gegend in Angst und Schrecken versetzen. Da unser Held die Sprache der Hunde spricht, kann er mit ihnen Kontakt aufnehmen. Und so erfährt er, dass sie verwünscht sind und einen Schatz bewachen müssen, und erst wenn dieser Schatz gehoben ist, können sie zur Ruhe kommen. Das berichtet der Junge dann dem Burgherren, worauf der den Schatz heben lässt. So sind auch die Hunde erlöst.

Setzen wir an dieser Stelle wieder unsere »Zauberbrille« auf, um hinter die Dinge zu blicken. Nun erkennen wir in den Hunden, die heulend, jaulend und um sich beißend einen Schatz bewachen, das wilde, ungezähmte Tier im Kind, das »verwünscht« ist. Voller Wut, Hass und Verzweiflung sitzt es hinter dicken Mauern im Turm fest und ist dazu verurteilt, den »Schatz«, also das Gute und Wertvolle in sich selbst, versteckt zu halten. Selbst wenn das Verhalten der Hunde auch für sie selbst ein schrecklicher Zustand ist, können sie es ihrer Verwünschung gemäß nicht ändern – es sei denn, dass der Burgherr den Schatz heben lässt.

Der Held findet sein wahres Ich

Oft übersehen wir im Kampf um die Existenz, dass es die inneren Werte sind, die uns dauerhaft zufrieden machen. Man kann sie nicht zählen oder messen oder sonst irgendwie objektiv beurteilen, daher laufen sie Gefahr, übersehen oder als unwichtig beurteilt zu werden.

Wer ist nun dieser Burgherr? Niemand anders als der Vater! Aber nicht mehr der fordernde, ehrgeizige, der sein Kind in eine ganz bestimmte Richtung drängen will, sondern der verständnisvolle, liebende, der dem Sohn etwas zutraut. Und weil er ihm Vertrauen entgegenbringt, kann der Sohn sich mit den »schrecklichen, alles zerfleischenden Hunden« in seinem Inneren auseinander setzen. Und diese Auseinandersetzung ermöglicht am Ende die Überwindung des destruktiven inneren Zustandes – das heißt, der Schatz, also das Wertvolle in der Persönlichkeit des Kindes, kann endlich gehoben werden.
An dieser Stelle könnte man eigentlich schon von einem Happyend sprechen. Aber das Märchen meint es mit seinem Helden noch besser. Nachdem er sich in der Obhut seines guten Vaters von den Strapazen des Lernens ausgeruht hat, zieht es ihn in die Welt hinaus. Er wird aber diesmal nicht mehr ausgesetzt, sondern geht aus eigenem Antrieb los, seinen Weg zu finden. Von Fröschen wird dem Jüngling seine Zukunft in Rom prophezeit, und Tauben helfen ihm dort, Papst zu werden.

Sich selbst vertrauen

Man stelle sich vor – er wird zum Papst geweiht! Eine höhere Macht auf Erden gibt es für einen Christen wohl kaum, denn der Papst ist noch angesehener als der Kaiser. Unser Junge, der am Anfang des Märchens seiner schlechten schulischen Leistungen wegen so hoffnungslos verloren schien, hat sich in seiner neuen Rolle als Papst nicht nur mit dem (Gott-)Vater ausgesöhnt, sondern alles erreicht, was einer überhaupt erreichen kann. Und geholfen haben ihm dabei die drei Sprachen – oder anders ausgedrückt: dass er gelernt hat, sich mit seinen Gefühlen auseinander zu setzen (Hunde) und auf sein Unterbewusstsein (Frösche) und sein Überbewusstsein (Vögel) zu vertrauen.

Die drei Sprachen

In der Schweiz lebte einmal ein alter Graf, der hatte nur einen einzigen Sohn, aber der war dumm und konnte nichts lernen. Da sprach der Vater: »Höre, mein Sohn, ich bringe nichts in deinen Kopf, ich mag es anfangen, wie ich will. Du musst fort von hier, ich will dich einem berühmten Meister übergeben, der soll es mit dir versuchen.« Der Junge ward in eine fremde Stadt geschickt und blieb bei dem Meister ein ganzes Jahr. Nach Verlauf dieser Zeit kam er wieder heim, und der Vater fragte: »Nun, mein Sohn, was hast du gelernt?« »Vater, ich habe gelernt, was die Hunde bellen«, antwortete er. »Dass Gott erbarm«, rief der Vater aus, »ist das alles, was du gelernt hast? Ich will dich in eine andere Stadt zu einem anderen Meister tun.« Der Junge ward hingebracht und blieb bei diesem Meister auch ein Jahr. Als er zurückkam, fragte der Vater wiederum: »Mein Sohn, was hast du gelernt?« Er antwortete: »Vater, ich habe gelernt, was die Vögli sprechen.« Da geriet der Vater in Zorn und sprach: »O du verlorner Mensch, hast die kostbare Zeit hingebracht und nichts gelernt, und schämst dich nicht, mir unter die Augen zu treten? Ich will dich zu einem dritten Meister schicken, aber lernst du auch diesmal nichts, so will ich dein Vater nicht mehr sein.«

Der Sohn blieb bei dem dritten Meister ebenfalls ein ganzes Jahr, und als er wieder nach Haus kam und der Vater fragte: »Mein Sohn, was hast du gelernt?«, so antwortete er: »Lieber Vater, ich habe dieses Jahr gelernt, wie die Frösche quaken.« Da geriet der Vater in den höchsten Zorn, sprang auf, rief seine Leute herbei und sprach: »Dieser Mensch ist mein Sohn nicht mehr, ich stoße ihn aus und gebiete euch, dass ihr ihn hinaus in den Wald führt und ihm das Leben nehmt.« Sie führten ihn hinaus, aber als sie ihn töten sollten, konnten sie nicht vor Mitleiden und ließen ihn gehen. Sie schnitten einem Reh Augen und Zunge aus, damit sie dem Alten die Wahrzeichen bringen konnten.

Der Jüngling wanderte fort und kam nach einiger Zeit zu einer Burg, wo er um Nachtherberge bat. »Ja«, sagte der Burgherr, »wenn du da unten in dem alten Turm übernachten

willst, so gehe hin, aber ich warne dich, es ist lebensgefährlich, denn er ist voller wilder Hunde, die bellen und heulen in einem fort, und zu gewissen Stunden müssen sie einen Menschen ausgeliefert haben, den sie auch gleich verzehren.« Die ganze Gegend war darüber in Trauer und Leid, und doch konnte niemand helfen. Der Jüngling aber war ohne Furcht und sprach: »Lasst mich nur hinab zu den bellenden Hunden, und gebt mir etwas, das ich ihnen vorwerfen kann; mir werden sie nichts tun.« Weil er nun selber nicht anders wollte, so gaben sie ihm etwas Essen für die wilden Tiere und brachten ihn hinab zu dem Turm. Als er hineintrat, bellten ihn die Hunde nicht an, wedelten mit den Schwänzen ganz freundlich um ihn herum, fraßen, was er ihnen hinsetzte, und krümmten ihm kein Härchen. Am andern Morgen kam er zu jedermanns Erstaunen gesund und unversehrt wieder zum Vorschein und sagte zu dem Burgherrn: »Die Hunde haben mir in ihrer Sprache offenbart, warum sie da hausen und dem Lande Schaden bringen. Sie sind verwünscht und müssen einen großen Schatz hüten, der unten im Turme liegt, und kommen nicht eher zur Ruhe, als bis er gehoben ist, und wie dies geschehen muss, das habe ich ebenfalls aus ihren Reden vernommen.« Da freuten sich alle, die das hörten, und der Burgherr sagte, er wollte ihn an Sohnes Statt annehmen, wenn er es glücklich vollbrächte. Er stieg wieder hinab, und weil er wusste, was er zu tun hatte, so vollführte er es und brachte eine mit Gold gefüllte Truhe herauf. Das Geheul der wilden Hunde ward von nun an nicht mehr gehört, sie waren verschwunden, und das Land war von der Plage befreit.
Über eine Zeit kam es ihm in den Sinn, er wollte nach Rom fahren. Auf dem Weg kam er an einem Sumpf vorbei, in welchem Frösche saßen und quakten. Er horchte auf, und als er vernahm, wie sie sprachen, ward er ganz nachdenklich und traurig. Endlich langte er in Rom an, da war gerade der Papst gestorben und unter den Kardinälen großer Zweifel, wen sie zum Nachfolger bestimmen sollten. Sie wurden zuletzt einig, derjenige sollte zum Papst erwählt wer-

den, an dem sich ein göttliches Wunderzeichen offenbaren würde. Und als das eben beschlossen war, in demselben Augenblick trat der junge Graf in die Kirche, und plötzlich flogen zwei schneeweiße Tauben auf seine beiden Schultern und blieben da sitzen. Die Geistlichkeit erkannte darin das Zeichen Gottes und fragte ihn auf der Stelle, ob er Papst werden wolle. Er war unschlüssig und wusste nicht, ob er dessen würdig wäre, aber die Tauben redeten ihm zu, dass er es tun möchte, und endlich sagte er »Ja«. Da wurde er gesalbt und geweiht, und damit war eingetroffen, was er von den Fröschen unterwegs gehört und was ihn so bestürzt gemacht hatte, dass er der heilige Papst werden sollte. Darauf musste er eine Messe singen und wusste kein Wort davon, aber die zwei schneeweißen Tauben saßen stets auf seinen Schultern und sagten ihm alles ins Ohr …

Anhang

Quellennachweis

Bauer, Angeline (Hrsg.): *Die Nacht der Mondfrauen – Märchen von starken und mutigen Frauen*. München: Wilhelm Heyne Verlag 1997

Bechstein, Ludwig: *Märchen.* Weinheim: Verlag Beltz & Gelberg, 4. Aufl. 1994

Blaschek-Krawczyk, Ulrike/Früh, Sigrid (Hrsg.): *Märchen von Müttern und Töchtern.* Frankfurt a. Main: Fischer Verlag 1996

Die schönsten Märchen vom Heilen. München: Eugen Diederichs Verlag 1998

Grimm, Jacob/Grimm, Wilhelm: *Alte Märchen der Brüder Grimm Gut fünfzig Märchen der Urfassung*. Weinheim: Verlag Beltz & Gelberg, 8. Aufl. 1996

Kyber, Manfred: *Das Manfred Kyber Buch. Tiergeschichten und Märchen.* Reinbek: Rowohlt Verlag 1972

Marks, Stephan (Hrsg.): *Märchen von Krankheit und Heilung.* Frankfurt a. Main: Fischer Verlag 1996

Mürner, Christian (Hrsg.): *Das bucklige Männlein. Behinderte Menschen im Märchen zwischen Verherrlichung und Verniedlichung*. Edition SZH/SPC 1197

Perrault, Charles: *Sämtliche Märchen* (Reclams Universal-Bibliothek, 08355). Stuttgart: Philipp Reclam jun. Verlag o. J.

Spiele. Neff's kleine Hausbibliothek. Rastatt: Pabel – Moewig 1995

Vernaleken, Theodor: *Kindermärchen und Hausmärchen in den Alpenländern.* Hildesheim: Georg Olms Verlag 1980

Italienische Märchen. Hanau: Werner Dausien Verlag 1976

Wolf, Friedrich: *Märchen für große und kleine Kinder* (Aufbau Taschenbücher, 00041). Berlin: Aufbau Verlag 1991

Ehe das Sandmännchen kommt. München: Bertelsmann Verlag o. J.

Eine große Auswahl an Märchen, sowohl klassische als auch Märchen aus verschiedenen Ländern und Regionen, bietet der Eugen Diederichs Verlag, München.

Weitere Märchen zu den verschiedenen Themen

Von Gespenstern und anderen dunklen Wesen

Das Ungeheuer in der Mühle – Neff's kleine Hausbibliothek

Märchen von einem, der auszog, das Fürchten zu lernen – Gebrüder Grimm

Das Kellermännchen – Das Manfred Kyber Buch

Vom Hass aus Liebe

Wassilissa, die Wunderschöne – Die Nacht der Mondfrauen

Schneeweißchen – Bechstein, oder ersatzweise *Schneewittchen,* Gebrüder Grimm

Die gelbe Kuh – Märchen von Müttern und Töchtern

Vom Leben und Sterben

Der Tod und das kleine Mädchen – Das Manfred Kyber Buch
Der Schimmel – Deutsche Volksmärchen
Das Totenhemdchen – Gebrüder Grimm
Die himmlische Hochzeit – Gebrüder Grimm
Der Weber und der Tod – Märchen von Krankheit und Heilen

Von der Kraft der Freundschaft, der Liebe und der Treue

Der treue Johannes – Gebrüder Grimm
Der alte Sultan – Gebrüder Grimm
Der Hund und der Sperling – Gebrüder Grimm
Die Bremer Stadtmusikanten – Gebrüder Grimm
Die kurze Freundschaft – Russisches Märchen, in: Ehe das Sandmännchen …

Vom Geben und Nehmen – vom Teilen und Behalten

Die beiden Wanderer – Gebrüder Grimm
Die goldene Gans – Gebrüder Grimm
Die Sterntaler – Gebrüder Grimm

Was ist dein Versprechen wert?

Riquet mit dem Schopf – Perrault
Gevatterin Kröte – Bechstein
Das Bergmannli – Bechstein
Die beiden Königskinder – Gebrüder Grimm
Rumpelstilzchen – Gebrüder Grimm
Die zwölf Brüder – Wolf

Vom Umgang mit Behinderungen

Der alte Sultan – Gebrüder Grimm
Der bucklige Tabagnino – Das bucklige Männlein
Die drei Glückskinder – Gebrüder Grimm
Die Eule – Gebrüder Grimm

Von Essstörungen und dem, was wirklich stark macht

Der Wolf und der Fuchs – Gebrüder Grimm
Die goldene Gans – Gebrüder Grimm
Der Riese, der sieben Fuder Grütze und sieben Fuder Milch gegessen hatte – Schwedische Volksmärchen
Katze und Maus in Gesellschaft – Gebrüder Grimm
Die Vision des Matconnylinney – Die schönsten Märchen vom Heilen

Eifersucht und Geschwisterrivalität

Die zwölf Brüder; Die zwei Brüder – Gebrüder Grimm
Das Wasser des Lebens – Gebrüder Grimm
Die drei Vögelchen – Gebrüder Grimm
Die schönste Braut – Vernaleken

Lernprobleme – Selbstzweifel

Das Eselein – Gebrüder Grimm
Die vier kunstreichen Brüder – Gebrüder Grimm
Die kluge Sorfarina – Italienische Märchen

Über die Autorin

Angeline Bauer, geb. 1952, war zunächst Tänzerin. Seit 1982 ist sie als Autorin tätig. Aus ihrer Feder stammen bisher 16 Romane, einige Sachbücher, ein Märchenbuch und zahlreiche Kurzgeschichten.
Nach intensiver Ausbildung begann sie 1991 die Aufgabe als Leiterin einer Praxis für psychologische Beratung, in der sie mit Erwachsenen und Kindern nach der Methode des Katathymen Bilderlebens arbeitet. Das Katathyme Bilderleben ist eine Form der Imaginationstherapie, die sich auf Symbolik, Mythologie, Märcheninhalte und Traumdeutung stützt.

Hinweis

Das vorliegende Buch ist sorgfältig erarbeitet worden. Dennoch erfolgen alle Angaben ohne Gewähr. Weder die Autorin noch der Verlag können für eventuelle Nachteile oder Schäden, die aus den im Buch gemachten Hinweisen resultieren, eine Haftung übernehmen.

Bildnachweis

Alle Illustrationen stammen von Susanna Grigoletto, München.

Impressum

Redaktion: Michaela Breit
Projektleitung: Ernst Dahlke
Redaktionsleitung: Nina Andres
Umschlag und Innenlayout: Manuela Hutschenreiter
DTP-Produktion: AVAK-Publikationsdesign, München
Produktion: Manfred Metzger (Leitung), Annette Aatz, Dr. Erika Weigele-Ismael

Printed in Slovakia
Gedruckt auf chlor- und säurearmem Papier
ISBN 3-517-06023-2

Register